Rechenwege 4

Ausgabe NORD

Berlin, Brandenburg,
Mecklenburg-Vorpommern,
Sachsen-Anhalt

Herausgegeben von

Friedhelm Käpnick

Erarbeitet von

Mandy Fuchs
Wolfgang Grohmann
Friedhelm Käpnick
Elke Mirwald
Christine Münzel

Illustrationen von

Maja Bohn (Lucie und Detektiv)
und
Cleo-Petra Kurze

VOLK UND WISSEN

Inhaltsverzeichnis

Was kann ich schon?
Was lerne ich? 4/5

Wiederholung

Addieren und Subtrahieren 6/7
Multiplizieren und Dividieren 8/9
Entdeckungen an der
Hundertertafel 10/11
Aufgaben mit verschiedenen
Rechenarten 12
Gleichungen, Ungleichungen,
Rechenrätsel 13
Geometrie Körper, Flächen, Linien 14
Geometrie Wegenetze 15
Größen Wir über uns 16
Daten/Zufall Wie viele? Welche? Wie oft? 17

Die Zahlen bis 1000000

Mathekonferenz:
Große Zahlen 18/19
Von 1 bis 10000 20
Von 10000 bis 1000000 21
Vielfältiges Darstellen
großer Zahlen 22/23
Vorgänger und Nachfolger
einer Zahl 24
Nachbartausender,
Nachbarhunderter, … 25
Vergleichen und Ordnen
der Zahlen bis 1000000 ....26/27
Daten/Zufall Schaubilder und Diagramme ...28/29
Daten/Zufall Näherungswerte 30/31
Größen Einheiten der Länge 32–34
Dualzahlen 35
Üben von Station zu Station 36
Aus der Knobelkiste 37
Das kann ich schon!
Die Zahlen bis 1000000 ....38/39

Addieren und Subtrahieren bis 1000000

Was kann ich schon? 40/41
Mathekonferenz:
Halbschriftliches Addieren
und Subtrahieren 42/43
Rechenmuster 44
Daten/Zufall Anlegen und Auswerten
von Tabellen 45
Gleichungen und Ungleichungen 46
Rechenrätsel 47
Größen Einheiten der Masse /
des Gewichtes 48/49
Größen Vom Getreide zum Brot 50
Größen Rauminhalte 51
Größen Unser kostbares Wasser 52
Daten/Zufall Ritterspiele 53
Eine Geschichte zum
Schachspiel 54
Schriftliches Addieren 55/56
Schriftliches Subtrahieren 57/58
Gleichungen und Ungleichungen 59
Mathekonferenz:
Schriftliches Subtrahieren mit
2 Subtrahenden 60/61
Größen Mini-Projekt: Tiere und
Pflanzen des Waldes 62/63
Geometrie Körper 64/65
Geometrie Ansichten 66/67
Geometrie Mathekonferenz:
Körpernetze 68/69
Größen Addieren und Subtrahieren
mit Kommazahlen 70/71
Größen Auf Entdeckungsreise
in Berlin 72/73
Daten/Zufall Was könnte stimmen? 74
Addieren und Subtrahieren
mit dem Taschenrechner 75
Rechengesetze beim Addieren
und Subtrahieren 76
Aufgabenbriefe 77
Üben von Station zu Station 78
Aus der Knobelkiste 79
Das kann ich schon!
Addieren und Subtrahieren 80/81

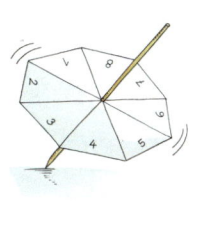

Multiplizieren und Dividieren bis 1 000 000

Was kann ich schon? 82/83
Mathekonferenz:
Halbschriftliches Multiplizieren
und Dividieren 84/85
Rechenmuster, Rechenrätsel 86
Mathekonferenz:
Schriftliches Multiplizieren 87
Schriftliches Multiplizieren 88/89
Multiplizieren und Dividieren
mit dem Taschenrechner 90
Größen Im Kino 91
Daten/Zufall Wasserexperimente 92
Mathekonferenz:
Schriftliches Dividieren 93
Schriftliches Dividieren 94–96
Dividieren mit Rest 97
Teilbarkeitsregeln und
Primzahlen 98
Größen Wie viel Müll erzeugen wir? 99
Größen Einheiten der Zeit 100
Größen Mathekonferenz:
Zeitberechnungen 101
Größen Zeitstrahl 102/103
Größen Multiplizieren und Dividieren
mit Kommazahlen 104
Schriftliches Multiplizieren
und Dividieren 105
Geometrie Flächen, Ecken und Kanten 106
Geometrie Zueinander parallele und
senkrechte Strecken 107
Geometrie Dreiecke, Vierecke, Kreise 108
Geometrie Trapeze 109
Geometrie Vierecke 110
Geometrie Achsensymmetrische Figuren 111
Geometrie Verschiebungen,
schiebesymmetrische Figuren 112
Geometrie Drehungen,
drehsymmetrische Figuren 113
Geometrie Vergleichen von Flächen 114
Geometrie Flächeninhalt und Umfang 115
Geometrie Das kann ich schon!
Geometrie 116/117

Aufgaben mit verschiedenen
Rechenarten, Aufgaben mit
Klammern 118
Sommerfest in der
Grundschule am Wall 119
Daten/Zufall Durchschnitts-
berechnungen 120/121
Rechengesetze beim
Multiplizieren und Dividieren 122
Mathekonferenz:
Erforschen von Rechentricks 123
Geometrie Vergrößern und Verkleinern 124
Größen Maßstäbe 125
Üben von Station zu Station 126
Aus der Knobelkiste 127
Das kann ich schon!
Multiplizieren und
Dividieren 128/129

Projekte, Übungen, Prüfstationen

Alle 4 Rechenarten 130
Auf Fehlersuche 131
Römische Zahlzeichen 132/133
Daten/Zufall Zufallsexperimente 134/135
Geometrie Mini-Projekt:
Mathematik und Kunst 136/137
Größen Mini-Projekt:
Entdeckungen am
menschlichen Körper 138/139
Größen Auf Entdeckungsreise in
Deutschland und Europa 140/141
Prüfstationen:
Bist du fit für Klasse 5? 142/143

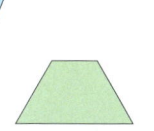

Hinweise zu den Aufgaben

Finde und probiere eigene Lösungsideen!

Lerne gemeinsam mit anderen!

Übe und prüfe, was du schon kannst!

Gestalte selbst ein Aufgabenblatt!

Aufgepasst! Eine schwierigere Aufgabe!

Wichtig! Wiederhole und übe!

Was kann ich schon? Was lerne ich?

1
Wie viele Tage schläft jedes Tier etwa?

Durchschnittliche Dauer des Winterschlafs einiger Tiere

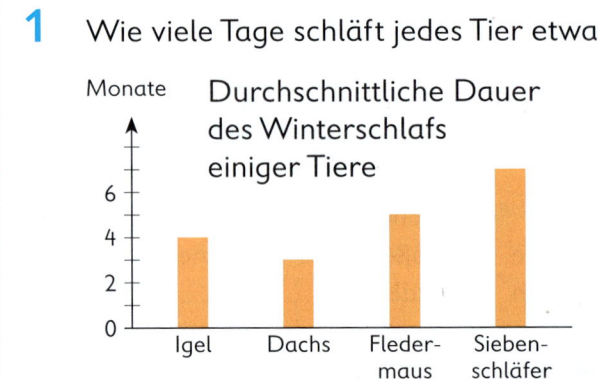

Monate: 6, 4, 2, 0

Igel | Dachs | Fleder-maus | Sieben-schläfer

2

```
Ü: 7 5 0 0 0
    1 5 7 2 4
+     8 0 6 3
+ 4 9 1 0 5
+   3 8 2 4
```

```
Ü: 4 0 0 0 0
    6 5 1 8 9
-     7 4 3 2
- 2 1 5 7 0
```

5

Wie viel ist eine Million?

8 000

1000

Was bedeuten die Begriffe?

7

Dividend · Divisor · Quotient · Minuend · Subtrahend · Differenz · Summe · Produkt

8

```
Ü: 2 0 0 0
    9 3 · 2 4
      1 8 6
        3 7 2
```

```
Ü: 6 0 0 : 3 = 2 0 0
    5 3 7 : 3 =
    3
    2 3
    2 1
      2 7
      2 7
        0
```

```
4 1 0 7 +       = 5 0 0 0
7 2 4 6 -       = 6 2 5 0
            · 5 = 8 9 3 5
3 0 ·     + 1 <     2 0 0
9 6 : 4 -       >     2 2
```

IV

Erstes Kennenlernen wichtiger Lernthemen im 4. Schuljahr, Lernausgangsniveau im Zählen bis 1 000 000 und Darstellen großer Zahlen (5), im Rechnen über 1000 (2, 8), im Um- *gang mit Diagrammen (1), im Verstehen von Fachbegriffen (7) feststellen*

4

→ **AH** S.2–3   → **ÜH** S.1

3 a)

1 t = ⬚ kg

0,5 t = ⬚ kg

⬚ t = 4 000 kg

b)

0,2 l = 200 ml

1,5 l = ⬚ ml

0,001 l = ⬚ ml

4

a) Gib 3 mögliche und 3 unmögliche Summen an!

b) Welche Summe tritt beim Würfeln mit 2 Würfeln am häufigsten auf?

6 Welche Figuren sind
– achsensymmetrisch,
– drehsymmetrisch,
– Körpernetze?

9 *Welche Figuren und Muster erkennst du?*

10

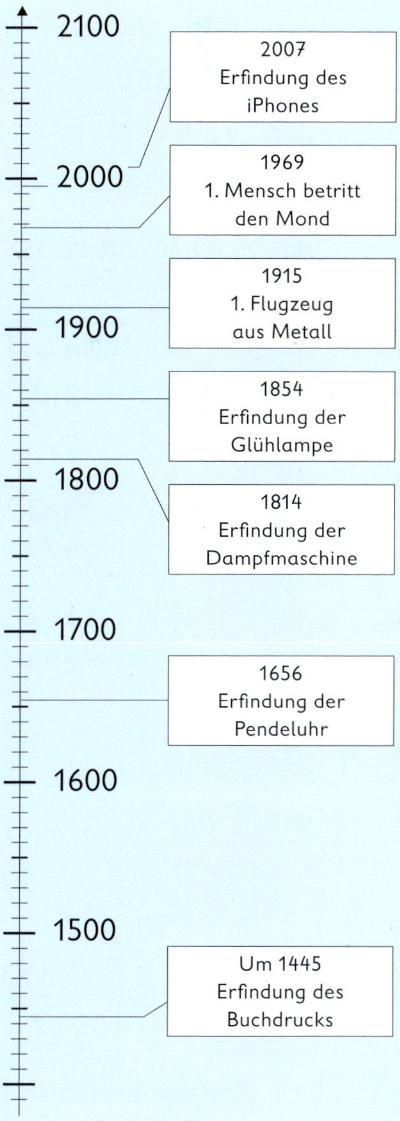

- 2100
- 2000 — 2007 Erfindung des iPhones
- — 1969 1. Mensch betritt den Mond
- 1900 — 1915 1. Flugzeug aus Metall
- — 1854 Erfindung der Glühlampe
- 1800 — 1814 Erfindung der Dampfmaschine
- 1700
- — 1656 Erfindung der Pendeluhr
- 1600
- 1500
- — Um 1445 Erfindung des Buchdrucks

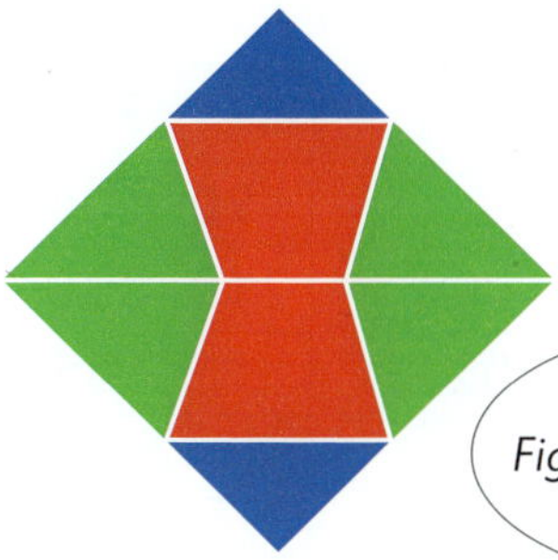

Lernausgangsniveau im Umgang mit Masse- bzw. Gewichts-angaben und Rauminhalten (3), im Einschätzen von Wahr-scheinlichkeiten (4), im Erkennen von geometrischen Lage-beziehungen, von Mustern und von Körpernetzen (6, 9) und im Umgang mit einem Zeitstrahl (10) feststellen

→ **AH** S.2–3   → **ÜH** S.1

Wiederholung

Addieren und Subtrahieren

1

Aufgepasst und mitgemacht!

76	109	200	333	280	499	181	375	226
115	500	48	170	412	101	70	247	93
300	127	295	460	64	222	361	432	129
399	250	401	88	425	234	117	73	240

a) Nennt abwechselnd in jeder Zeile von links nach rechts
   – den Nachfolger jeder Zahl (z.B. 77 statt 76),
   – den Vorgänger jeder Zahl (z.B. 75 statt 76),
   – nur die geraden Zahlen,
   – nur die ungeraden Zahlen,
   – das Doppelte jeder Zahl (z.B. 152 statt 76)!

b) Denkt euch weitere Regeln aus und wendet sie an!

2 Rechne im Kopf!

a) $80 + 30$ $712 + 60$ **b)** $60 - 40$ $930 - 15$ **c)** $130 - 80$
$700 + 200$ $50 + 111$ $800 - 700$ $220 - 70$ $250 + 250$
$40 + 150$ $111 + 50$ $590 - 60$ $430 - 130$ $770 - 360$
$340 + 150$ $333 + 222$ $780 - 8$ $620 - 590$ $420 + 190$

L: 20, 30, 50, 100, 110, 150, 161, 161, 190, 200, 300, 410, 490, 500, 530, 555, 610, 772, 772, 900, 915

3 Rechne schriftlich und überprüfe deine Ergebnisse!

Ich nutze mein Lexikon!

a)
$213 + 481$ $364 + 417$ $87 + 609$ $273 + 158$ $567 + 229$

b)
$319 - 108$ $543 - 423$ $761 - 343$ $820 - 276$ $935 - 736$

c)
$820 - 259$ $746 - 399$ $305 - 118$ $624 - 417$ $708 - 409$

Grundwissen Mathematik

4 Zerlege!

a)

99	
35	
	48
61	

200	
77	
	111
133	

400	
150	
	62
203	

b)

300		
110	80	
70	90	
	39	202

700		
90	100	
210	330	
	35	470

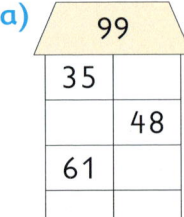 **c)** Zerlege immer in 2 und 3 gleich große Summanden: 24, 108, 150, 186, 312, 405!

1 Erkenne Rechenmuster und nutze sie!

a) 512 + 261
513 + 262
514 + 263
515 + 264
516 + 265

b) 124 + 279
123 + 280
122 + 281
121 + 282
120 + 283

c) 735 − 287
736 − 288
737 − 289
738 − 290
739 − 291

d) 624 − 356
624 − 355
623 − 355
623 − 354
622 − 354

e) Erfinde selbst ein Rechenmuster!

---

2 Ergänze zu Zauberdreiecken!

a)

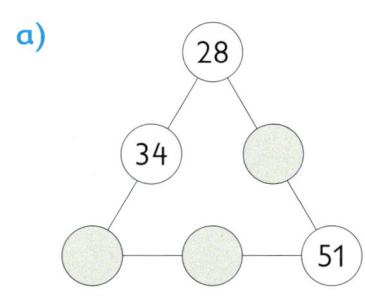

Zauberzahl: 100

b)

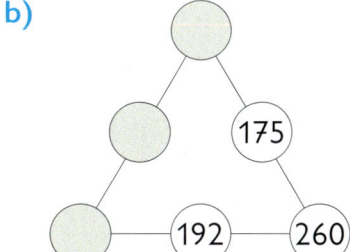

Zauberzahl: 500

c)

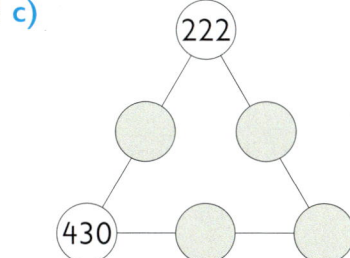

Zauberzahl: 1000

---

3 **a)** Löse die Rechenrätsel!

> Wie groß ist die Summe der Zahlen 275 und 364?

> Wie groß ist die Differenz zwischen 768 und 389?

> Ein Summand ist 112 und die Summe 311. Welche Zahl ist der 2. Summand?

> Wie groß ist die Differenz zwischen 653 und dem Doppelten von 179?

> Der Minuend ist 666 und der Subtrahend 567. Wie groß ist die Differenz?

> Die Summe aus 3 aufeinanderfolgenden Zahlen ist 300. Welche Zahlen sind es?

b) Bilde selbst solche Rechenrätsel und stelle sie deinen Mitschülern!

---

4 Lies, stelle Fragen und antworte!

a)

Im Sportverein turnen 120 Kinder. Weitere 55 Kinder schwimmen und 152 andere Kinder betreiben Leichtathletik.

b)

Auf einem Schulkonzert spielten Kinder der 1. Grundschule vor 275 begeisterten Zuschauern. Zu einem 2. Konzert kamen noch 84 Besucher mehr als beim 1. Mal.

VII

1 Rechenmuster beim Addieren und Subtrahieren erkennen, beschreiben und als Rechenvorteil nutzen
2 Zauberdreiecke im Heft ergänzen

3 Texte in Rechenaufgaben übersetzen und lösen
4 Texte lesen, verschiedene sinnvolle Fragen zuordnen und diese mit Hilfe zugehöriger Aufgaben beantworten

→ **AH** S.2–3   → **ÜH** S.2–3

7

Multiplizieren und Dividieren

1

H	Z	E
•	••• •••	••• •••

3 H	1 Z	2 E

a) Wie heißt jede Zahl?

b) Gib das Doppelte (das Dreifache, das Zehnfache) jeder Zahl an!

c) Gib die Hälfte (den 3. Teil) jeder Zahl an!

d) Rechne im Kopf!

5 · 7	60 · 8	120 · 0	48 : 8	500 : 5	280 : 7	180 : 9
30 · 4	8 · 60	330 · 2	72 : 9	240 : 3	60 : 6	50 : 10

2

a) Multipliziere!

315 · 3	73 · 8	3 · 271	9 · 87	6 · 77
112 · 5	145 · 6	4 · 197	7 · 129	8 · 93
143 · 7	92 · 9	5 · 168	4 · 236	7 · 36
208 · 4	439 · 2	6 · 85	5 · 194	3 · 309

L: 252, 462, 510, 560, 584, 644, 744, 783, 788, 813, 828, 832, 840, 870, 878, 903, 927, 944, 945, 970, 1001

Tim trägt in sein Merkbuch ein:

b) Dividiere!

186 : 3	535 : 5	924 : 6	783 : 9	832 : 4
492 : 4	657 : 9	756 : 7	498 : 6	895 : 5
872 : 8	315 : 7	963 : 3	936 : 8	968 : 8
518 : 2	772 : 4	605 : 5	813 : 3	441 : 9

L: 45, 49, 62, 73, 83, 87, 107, 108, 109, 117, 121, 121, 123, 154, 179, 193, 208, 259, 271, 280, 321

3 Zerlege in Faktoren!

a) 80 = ☐ · ☐
   800 = ☐ · ☐

b) 36 = ☐ · ☐
   360 = ☐ · ☐

c) 49 = ☐ · ☐
   490 = ☐ · ☐

d) 23 = ☐ · ☐
   230 = ☐ · ☐

e) Zu welcher Zahl findest du die meisten Zerlegungen?

4 <, > oder =?

a) 83 · 8 ◯ 700
   50 · 7 ◯ 350
   69 · 5 ◯ 355

b) 720 : 10 ◯ 70
   125 : 5 ◯ 25
   444 : 2 ◯ 220

c) 4 · 28 ◯ 28 · 4
   65 · 3 ◯ 65 · 5
   70 · 6 ◯ 60 · 7

d) 515 : 5 ◯ 5 · 103
   603 : 3 ◯ 600 · 3
   120 : 4 ◯ 120 · 6

e) Bei welchen Aufgaben konntest du das Zeichen setzen, ohne rechnen zu müssen? Begründe!

VIII

1 a–c passende Zahlen zuordnen, dann die jeweiligen Aufgaben rechnen
2 Multiplizieren und Dividieren bis 1000 wiederholen

3 viele verschiedene Zerlegungen in Faktoren bestimmen,
   dabei Tausch- und Umkehrbeziehungen nutzen
4 Vergleiche durch Überschlagen, Rechnen, … vornehmen

8   → AH S.4   → ÜH S.4–5

Was kannst du entdecken?

1
a) 5 · 1
5 · 3
5 · 5
5 · 7

b) 3 · 2
3 · 4
3 · 8
3 · 16

c) 0 · 4
20 · 4
40 · 4
60 · 4

d) 2 · 2
4 · 2
8 · 2
16 · 2

e) 55 · 5
66 · 6
77 · 7
88 · 8

2
a)

·	3	5	
4	12		24
		35	63

b)

:	6	3	
12	6		3
		8	

c)

·				
	80	40	100	20
	120	60	150	30

d)

:	6	3	
12	6		3
		8	

e)

:		4	
8	4		
	32		4

f)

:				
	0	0	0	0
	4	7	14	28

3
a)

> Berechne das Produkt der Zahlen 50 und 5!

> Wie groß ist der 4. Teil von 200?

> Berechne den Quotienten der Zahlen 420 und 7!

> Verdopple den Vorgänger von 100!

> Halbiere die Differenz der Zahlen 441 und 399!

> Multipliziere die Summe aus 18 und 12 mit 9!

b) Bilde selbst solche Rätsel und stelle sie deinen Mitschülern!

4

Eintrittspreise				
Aktuelle Veranstaltungen im Planetarium	Kinder	Erwachsene	Familien	Gruppen (ab 10 Personen)
Unser Sonnensystem (Montag bis Mittwoch, jeweils von 15 bis 17 Uhr)	3,00 €	5,50 €	13,50 €	24,50 €
Expedition ins Sternenreich (Donnerstag bis Freitag, jeweils von 14 bis 17 Uhr)	3,50 €	6,50 €	15,00 €	27,00 €

a) Tim besucht mit 3 Freunden die Veranstaltung am Montag. Wie teuer ist der Eintritt für die 4 Kinder?

b) Anna will mit ihren 4 Freundinnen in die Expedition ins Sternenreich gehen. Wie viel Euro müssen sie bezahlen?

c) 5 Erwachsene wollen am Mittwoch und am Donnerstag die Veranstaltungen besuchen. Wie teuer ist ihr Eintritt?

d) Bildet zur Tabelle weitere Aufgaben und löst sie!

---

1 Rechenmuster beim Multiplizieren erkennen, beschreiben und als Rechenvorteil nutzen
2 Tabellen im Heft ergänzen
3 Texte in Rechenaufgaben übersetzen und lösen
4 Texte lesen, den Fragen passende Aufgaben zuordnen, diese lösen und Antworten angeben

IX

→ AH S.4   → ÜH S.4–5

Entdeckungen an der Hundertertafel

1

1	2	3	4	5	6	7	8	9	10
11	12	13	14	15	16	17	18	19	20
21	22	23	24	25	26	27	28	29	30
31	32	33	34	35	36	37	38	39	40
41	42	43	44	45	46	47	48	49	50
51	52	53	54	55	56	57	58	59	60
61	62	63	64	65	66	67	68	69	70
71	72	73	74	75	76	77	78	79	80
81	82	83	84	85	86	87	88	89	90
91	92	93	94	95	96	97	98	99	100

Das Hunderterfeld hast du schon oft genutzt, um Zahlen zu vergleichen oder geschickt zu rechnen. Auch beim Lösen der folgenden Aufgaben kannst du interessante Zahlbeziehungen und Rechentricks entdecken.

a) Addiere alle 10 Zahlen
 – der 1. Zeile,
 – der 2. Zeile,
 – der 3. Zeile,
 – der 10. Zeile!

b) Addiere alle 10 Zahlen
 – der 1. Spalte,
 – der 2. Spalte,
 – der 5. Spalte,
 – der 10. Spalte!

c) Wie groß ist die Differenz zwischen der Summe aller Zahlen der 1. Zeile und der Summe aller Zahlen der 2. Zeile?

---

2 Richtig oder falsch?

a) Die Summe aller Zahlen der 2. Zeile ist größer als die größte Zahl der Hundertertafel.

b) In einer Zeile ist die Summe der geraden Zahlen immer kleiner als die Summe der ungeraden Zahlen.

c) Die Summe aller Zahlen in der 1. Zeile ist durch 10 teilbar.

---

3 Lisa und Franz haben Teile aus der Hundertertafel ausgeschnitten:

1	2
11	12

14	15
24	25

1	2	3
11	12	13
21	22	23

6	7	8
16	17	18
26	27	28

Rechne geschickt!

Berechne für jedes Teil die Summe aller Zahlen!

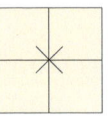 **4** Kim multipliziert „über Kreuz":

1	2
11	12

2	3
12	13

3	4
13	14

$1 \cdot 12 = \boxed{}$

$2 \cdot 11 = \boxed{}$

$2 \cdot 13 = \boxed{}$

$3 \cdot 12 = \boxed{}$

$\boxed{} \cdot \boxed{} = \boxed{}$

$\boxed{} \cdot \boxed{} = \boxed{}$

$\boxed{} \cdot \boxed{} = \boxed{}$

$\boxed{} \cdot \boxed{} = \boxed{}$

$\boxed{} \cdot \boxed{} = \boxed{}$

$\boxed{} \cdot \boxed{} = \boxed{}$

Setze so fort und rechne! Was fällt dir auf?

1–4 *mit Hilfe der Zahlenanordnung auf der Hundertertafel die jeweiligen Aufgaben lösen, dabei Zahl- und Rechenmuster entdecken, beschreiben, nutzen und begründen*

1

Schulklasse im 18. Jahrhundert

Im Jahre 1784 schritt Lehrer Büttner im Klassenzimmer mit einer Lederpeitsche auf und ab. Er hatte den Kindern der Katharinenschule zu Braunschweig die Aufgabe gestellt, alle Zahlen von 1 bis 100 zu addieren. Angestrengt beugten sich die Kinder über ihre Schiefer-Tafeln und kritzelten Zahl um Zahl.

Nur ein kleiner Junge schien kaum etwas zu schreiben. Aber nach wenigen Minuten stand er auf und legte dem Lehrer seine Tafel mit der richtigen Summe vor.

Der kleine Junge hieß Carl Friedrich Gauß. Er wurde später ein berühmter Mathematiker.

Welchen Trick wendete der Junge an?

Beim Entdecken des Tricks können dir folgende Hinweise helfen:

Schau dir das Hunderterfeld genau an! Welche Zahlbeziehungen könnten dir beim Rechnen nützlich sein?

Versuche Zahlen immer so geschickt zu addieren, dass du jeweils gleiche Teilsummen erhältst!

Vielleicht hilft dir Lauras Rechentrick. (Aufgabe 2).

---

2 Wie groß ist die Summe aller Zahlen von 1 bis 9?

Laura rechnet so:

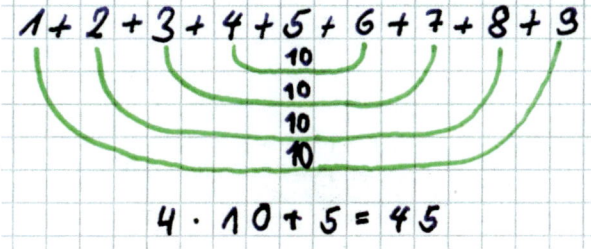

Erkläre Lauras Rechenweg!

3 Wie groß ist die Summe

a) aller Zahlen von 1 bis 20,

b) aller Zahlen von 1 bis 39,

c) aller Zahlen von 1 bis 40,

d) aller Zahlen von 15 bis 39?

---

1 Text lesen, über ihn auch unter Nutzung der Fotos gemeinsam sprechen, dann Rechentrick mit Hilfe der Tipps erkunden, beschreiben und begründen

2/3 Aufgaben auf geschickte Weise (möglichst mit Hilfe des erkannten Tricks aus Aufgabe 1) lösen

XI

→ **AH** S.5 → **ÜH** S.6–7

Aufgaben mit verschiedenen Rechenarten

1 a)

Lena hat beim Rätselspiel 3-mal 20 Punkte und einmal 5 Punkte erreicht. Tom erhielt 4-mal 10 Punkte und einmal 5 Punkte.
Kim erhielt 5-mal 5 Punkte und Sven 2-mal 20 Punkte und einmal 10 Punkte.
Wie viele Punkte erreichte jedes Kind?

Rechne und ergänze die Regeln!

b)
$5 \cdot 7 + 13$ $7 + 7 \cdot 61$ $88 : 4 + 269$

$120 : 2 + 44$ $25 - 25 : 5$ $190 - 90 : 3$

$3 + 8 \cdot 30$ $90 : 9 + 78$ $7 + 7 \cdot 61$

> Regel:
> Punktrechnung geht …

c)
$9 \cdot (3 + 11)$ $8 \cdot (17 + 3)$ $120 \cdot (10 - 4)$

$66 : (21 - 15)$ $72 : (14 - 8)$ $(390 - 70) : 8$

$(34 - 28) \cdot 7$ $(81 - 36) : 5$ $250 : (11 - 6)$

> Regel:
> Zuerst rechnet man …

d) Erfinde zu $12 + 7 \cdot 5$ eine Rechengeschichte!

2 a) Franz kauft 3 Hefte zu jeweils 20 Cent und 2 Bleistifte zu je 50 Cent.
Wie viel Geld muss Franz bezahlen?

b)
$5 \cdot 30\,ct + 4 \cdot 15\,ct$

$3 \cdot 80\,ct + 2 \cdot 60\,ct$

$6 \cdot 40\,ct + 3 \cdot 50\,ct$

c)
$4 \cdot 5€ + 6 \cdot 10€$

$3 \cdot 20€ + 2 \cdot 50€$

$8 \cdot 2€ + 7 \cdot 20€$

d)
$3 \cdot 50€ + 6 \cdot 10€$

$2 \cdot 100€ + 5 \cdot 5€$

$7 \cdot 10€ + 4 \cdot 20€$

L: 210 ct, 360 ct, 390 ct, 80 €, 150 €, 156 €, 160 €, 210 €, 211 €, 225 €

3 a) Julia nutzt einen Rechenvorteil:

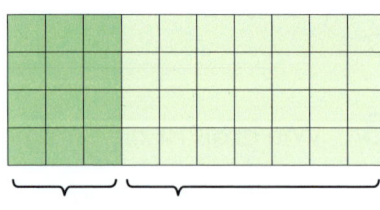

$3 \cdot 4 + 7 \cdot 4 = \square$

b) Rechne auch so!

$4 \cdot 11 + 6 \cdot 11$ $13 \cdot 7 - 3 \cdot 7$

$7 \cdot 9 + 3 \cdot 9$ $14 \cdot 3 - 4 \cdot 3$

$12 \cdot 5 + 8 \cdot 5$ $11 \cdot 5 - 6 \cdot 5$

$5 \cdot 13 + 5 \cdot 13$ $16 \cdot 9 - 8 \cdot 9$

$15 \cdot 4 + 5 \cdot 4$ $22 \cdot 4 - 2 \cdot 4$

L: 25, 30, 70, 72, 80, 80, 90, 100, 110, 120, 130

4 Vergleiche!

a)
$83 \cdot 8 + 4 \bigcirc 8 \cdot (7 + 4)$

$270 : 9 - 0 \bigcirc 270 : (9 - 0)$

$(16 + 1) \cdot 8 \bigcirc 16 + 1 \cdot 8$

$57 - 7 \cdot 5 \bigcirc (57 - 7) \cdot 5$

b)
$150 : 5 + 5 \bigcirc 150 : (5 + 5)$

$2 \cdot 2 + 9 \bigcirc 22 - 9$

$3 \cdot 8 - 4 \bigcirc 38 - 14$

$2 \cdot 2 + 12 \bigcirc 2 + 2 + 12$

XII

1 Regel „Punktrechnung geht vor Strichrechnung" anhand einer konkreten Beispielaufgabe wiederholen

2–4 Aufgaben mit verschiedenen Rechenarten unter Nutzung der „Punkt-vor-Strich-Regel" lösen, dabei auch Rechenbeziehungen als Rechenvorteil nutzen (3)

12   → AH S.5–6   → ÜH S.7

Gleichungen, Ungleichungen, Rechenrätsel

1 **a)** 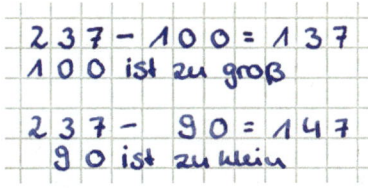 $237 - \square = 144$ Wie löst du die Gleichung?

b) Erkläre die Rechenwege der Kinder! Vergleiche sie mit deinem Weg!

Maria:
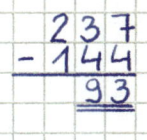
```
2 3 7 - 1 0 0 = 1 3 7
1 0 0 ist zu groß

2 3 7 -  9 0 = 1 4 7
 9 0 ist zu klein
```

Emma:
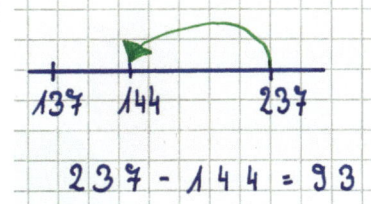
```
  2 3 7
- 1 4 4
    9 3
```

Paul:
```
137  144        237
      237 - 144 = 93
```

---

2 **a)** $315 + \square = 411$

$217 + \square = 500$

$\square + 821 = 996$

$\square + 602 = 789$

b) $451 - \square = 260$

$867 - \square = 530$

$\square - 80 = 690$

$\square - 132 = 471$

c) $15 \cdot \square = 75$

$21 \cdot \square = 210$

$\square \cdot 60 = 300$

$\square \cdot 80 = 560$

d) $80 : \square = 20$

$65 : \square = 13$

$\square : 10 = 41$

$\square : 2 = 76$

---

3 **a)**  $397 + \square < 401$ Wie löst du diese Ungleichung?

b) Erkläre die Rechenwege der Kinder!

Maria:
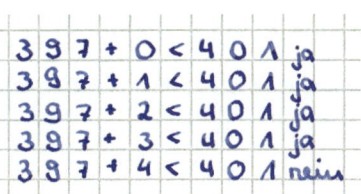
```
3 9 7 + 0 < 4 0 1 ja
3 9 7 + 1 < 4 0 1 ja
3 9 7 + 2 < 4 0 1 ja
3 9 7 + 3 < 4 0 1 ja
3 9 7 + 4 < 4 0 1 nein
```

Paul:
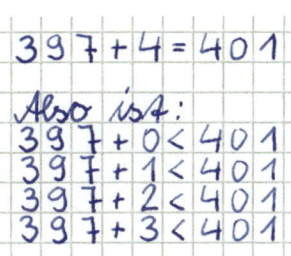
```
397 + 4 = 401

Also ist:
397 + 0 < 401
397 + 1 < 401
397 + 2 < 401
397 + 3 < 401
```

Emma:
```
3 9 7      401
```

---

4 **a)** $146 + \square < 152$

$438 + \square < 143$

$221 - \square > 217$

$603 - \square > 598$

b) $411 > 407 + \square$

$602 > 599 + \square$

$378 < 382 - \square$

$996 < 1000 - \square$

c) $30 \cdot \square < 100$

$70 \cdot \square < 250$

$\square : 2 > 400$

$\square : 10 > 60$

d) $3 \cdot 7 + \square < 25$

$4 \cdot 11 - \square > 40$

$75 : 5 + \square < 20$

$36 : 2 - \square < 15$

e) Wie viele Lösungszahlen kann es bei einer Ungleichung geben? Begründe!

---

5 Ermittle die gesuchten Zahlen mit Hilfe der Tipps!

a)
1. Es ist eine ungerade Zahl.
2. Die Zahl liegt zwischen 80 und 100.
3. Die Zahl besteht aus gleichen Ziffern.

b)
1. Es ist eine dreistellige Zahl.
2. Es ist eine Hunderterzahl.
3. Die Zahl ist durch 7 teilbar.

c)
1. Die Zahl liegt zwischen 200 und 300.
2. Die 3 Ziffern sind 3 aufeinanderfolgende Zahlen.
3. Es ist eine gerade Zahl.

1, 3 verschiedene Lösungswege für die jeweilige Beispielaufgabe beschreiben, sie miteinander vergleichen und anwenden

2, 4 Gleichungen und Ungleichungen mit selbst gewählten Rechenwegen lösen

5 Rechenrätsel unter Nutzung der Tipps selbstständig lösen

XIII

Körper, Flächen, Linien

1 Paul, Lisa und Tim haben mit drei gleich großen Quadern (Streichholzschachteln) gebaut.

a) Von welcher Seite sehen sie die Bilder A und B? Begründe!

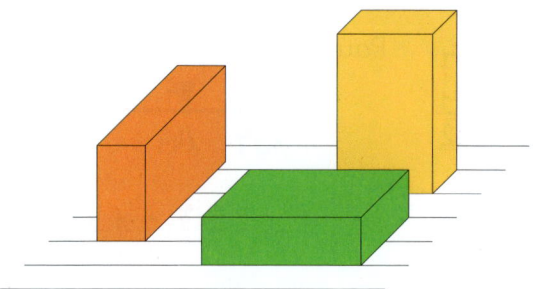

Bild A:

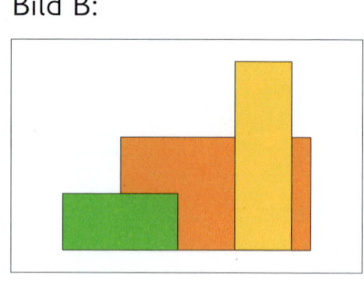

Bild B:

b) Zeichne, was Paul, Lisa und Tim von oben sehen!

c) Baut mit drei gleich großen Quadern!
Zeichnet, was ihr jeweils von verschiedenen Seiten seht!

2

a) Klebe zwei Blätter aus der Zettelbox auf verschiedene Weise aufeinander! Schneide die Flächenstücke ab, die nicht aufeinanderkleben! Wie viele Ecken und Seiten kann die geklebte Figur haben?

b) Wie kannst du kleben, um ein Rechteck zu erhalten?

c) Wie kannst du kleben, um ein Dreieck zu erhalten? Warum hat das Dreieck immer einen rechten Winkel?

d) Wie kannst du Vierecke erhalten, die genau eine Symmetrieachse haben?

3 **a)** Falte ein Blatt aus der Zettelbox nacheinander so:

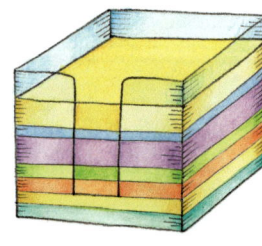  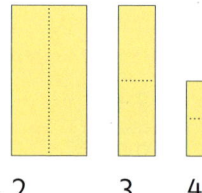 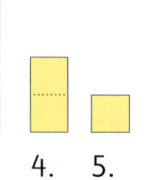

1.   2.   3.   4.   5.

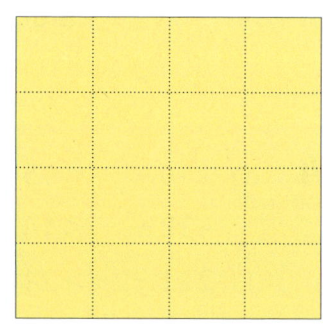

b) Bezeichne die Faltlinien mit kleinen Buchstaben!

c) Welche Faltlinien sind parallel zueinander, welche zueinander senkrecht?

d) Bezeichne die entstandenen Schnittpunkte mit großen Buchstaben!

e) Finde mit Hilfe der Schnittpunkte verschiedene Vierecke!

f) Erkunde in gleicher Weise Geraden und Schnittpunkte, wenn du so faltest:

 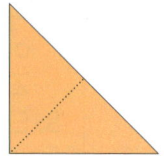 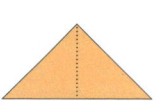

XIV

1 *Quader ggf. entsprechend dem Bild aufstellen, Ansichten frei Hand zeichnen*
2 *jeweils verschiedene Lösungsmöglichkeiten beachten*

3 *jeweilige Lösungen korrekt benennen und begründen*

14   → AH S.7   → ÜH S.8–9

Wegenetze

1 Die Kinder der Klasse 4a
besichtigen Schwerin.
Vom Dom wollen sie zum
Schloss gehen.

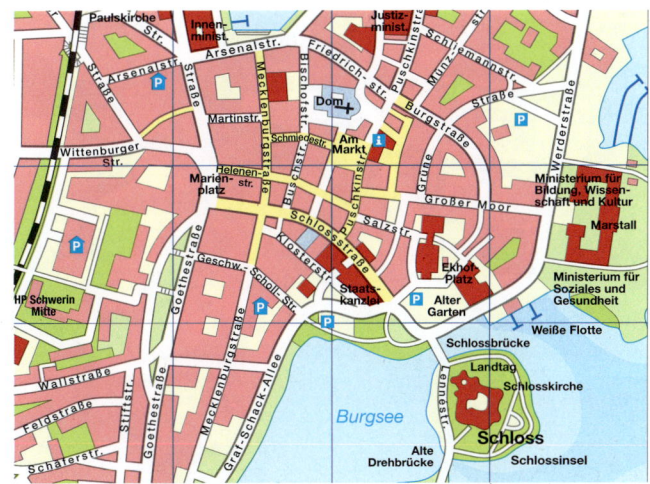

a) Beschreibe, welche Wege
die Kinder gehen können!

b) Was könnten die Kinder
noch besichtigen?

c) Beschreibe, wie sie vom Schloss
aus dorthin gelangen können!

2

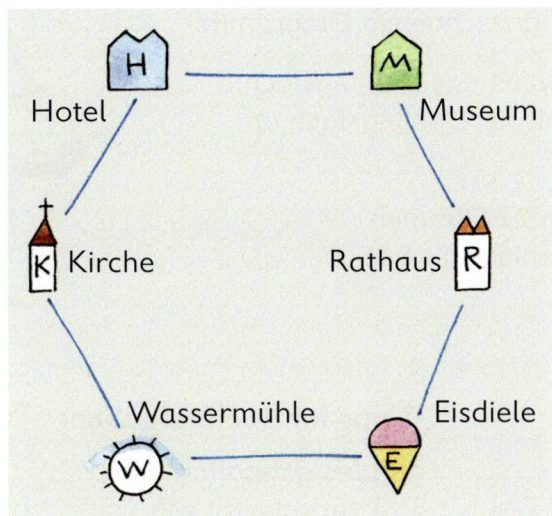

Anna und Paul planen einen Rundgang durch
ihren Urlaubsort. Start und Ende sind das Hotel,
wo sie mit ihren Eltern wohnen. Anna und Paul
wollen das Museum, die Kirche, das alte Rathaus,
die Wassermühle und die Eisdiele besuchen.
Sie haben verschiedene Möglichkeiten aufgezeichnet!

a) Erkläre die Wegepläne!

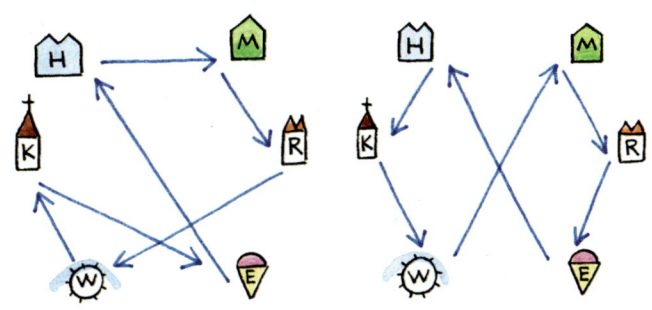

b) Finde andere Möglichkeiten für den Rundgang!

c) Anna meint, dass es manchmal gleiche Wegemuster für verschiedene Möglichkeiten gibt.
Was sagst du dazu?

3 a) Zeichne mit den Augen, indem du die Punkte
in der angegebenen Reihenfolge verbindest!
Welche Figuren entstehen jeweils?

Figur 1: A C I G A
Figur 2: A B F I A
Figur 3: B I G B
Figur 4: A F G B I D C H A

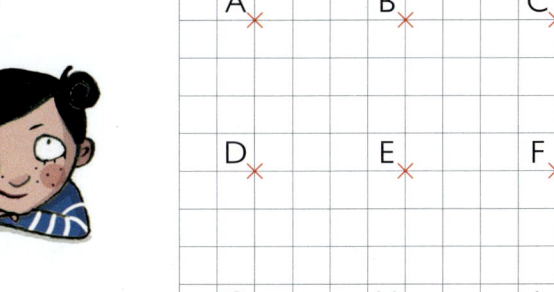

b) Prüfe durch Zeichnen!

c) Erfinde selbst solche Aufgaben für deinen Partner!

---

1 Orte, Wege und Lagebeziehungen auf der Karte zeigen
und unter Verwendung von „links", „rechts", ... beschreiben
2 Wegemuster frei Hand im Heft zeichnen

3 verschiedene richtige Lösungsangaben beachten

XV

→ AH S. 7   → ÜH S. 8–9

Wir über uns

1

Lies, lege zu den Angaben jeweils eine Tabelle an und zeichne ein Diagramm!

a) Für die Hälfte der 22 Kinder unserer Klasse ist Sport das Lieblingsfach.
Jeweils 4 Kinder gaben Musik und Mathematik als ihr Lieblingsfach an.
Die restlichen Kinder nannten Englisch.

b) Als Klassensprecher bewarben sich 4 Kinder. Von 22 Stimmen
erhielt Tim 3 Stimmen mehr als Laura, aber 2 weniger als Lea.
Die restlichen Stimmen bekam Ole.

Nutze die Tipps der Seiten 28 und 45!

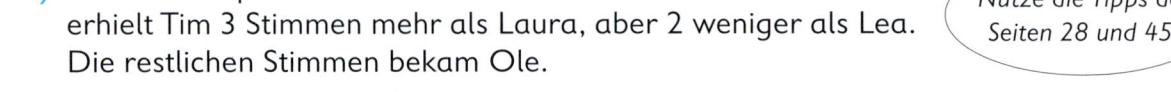

2 Auf die Frage, wie viele Freundinnen oder Freunde
jeder von uns hat, antworteten Marie, Lea und Tim:

> Ich habe viele Freunde und Freundinnen. Die Hälfte aller Kinder unserer Klasse sind nämlich meine Freunde und 2 Mädchen aus der Tanzgruppe sind auch noch meine Freundinnen.
> *Marie*

> Wenn ich die Zahl meiner besten Freundinnen verdopple, sind es mehr als 10, aber weniger als 14.
> *Lea*

> Wenn ich die Zahl meiner Freunde halbiere und die Hälfte noch um 3 verringern würde, dann hätte ich immer noch 3 Freunde.
> *Tim*

Wie wichtig sind euch Freundschaften?

Tipps für Sachaufgaben:

1. Lies gründlich!
Worum geht es?
Verstehe ich alle Wörter?
Was ist gefragt?
Was weiß ich schon?

2. Überlege einen Rechenweg, dann rechne!
Welche Hilfsmittel kann ich nutzen?
Kann ich Rechenvorteile nutzen?

3. Prüfe dein Ergebnis!
Kann das Ergebnis stimmen?
Passt es zur Frage?

4. Schreibe einen Antwortsatz!

a) Wie viele Freunde und Freundinnen hat Marie?
Wie viele Freunde hat Tim, wie viele beste Freundinnen hat Lea?

b) Schreibe auch solche Rätsel und stelle sie anderen Kindern!

XVI

*1/2 Texte lesen, Sachaufgaben mit Hilfe der Tipps lösen,
Lösungswege und Lösungen gemeinsam auswerten,
über verschiedene Lösungsmöglichkeiten sprechen*

→ **AH** S.8

Wie viele? Welche? Wie oft?

1 Frau Webers Auto hat das Kennzeichen B-KE 361.

Du kannst probieren, ein Baumdiagramm zeichnen oder eine Tabelle anlegen.

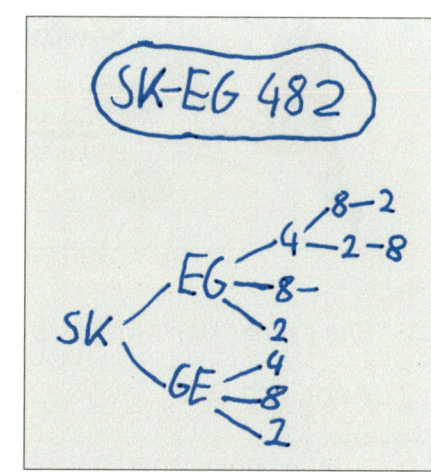

a) Wie viele verschiedene Kennzeichen für Berliner Autos kann es mit den Buchstaben K und E und den Ziffern 1, 3 und 6 geben?

b) Wie viele Kennzeichen sind es, wenn die Ziffer 4 noch dazukommt?

c) Schreibe ein anderes Autokennzeichen auf! Wie viele verschiedene Kennzeichen können mit diesen Buchstaben und Ziffern hergestellt werden?

2

a) Paul kann von seinen Freunden Tim, Benni, Robert und Mark zwei Jungen für einen Ausflug mit dem Auto auswählen. Welche und wie viele Möglichkeiten hat Paul hierfür?

b) Wie viele Möglichkeiten hat Paul, wenn er sogar drei Freunde einladen kann?

---

3 Paul und seine Schwester Anna können im Auto ihrer Mutter auf den Plätzen 2, 3, 4 oder 5 sitzen.

Wie viele verschiedene Sitzordnungen gibt es für die beiden Kinder?

Welche Aufgaben fallen dir schwer?

 4

a)	b)	c)	d)	e)
5 · 70	180 : 90	12 · 4	480 : 16	25 · 5
6 · 90	810 : 9	15 · 3	340 : 17	45 · 4
8 · 40	640 : 80	11 · 4	720 : 18	55 · 3
4 · 60	480 : 8	14 · 5	380 : 19	65 · 2

L: 2, 8, 20, 20, 30, 40, 44, 45, 45, 48, 60, 70, 90, 125, 130, 165, 180, 240, 320, 350, 540

XVII

1–3 *Texte lesen, Aufgaben durch Probieren, durch Anlegen von Tabellen oder Baumdiagrammen lösen und Lösungen jeweils begründen*

→ AH S.8

Mathekonferenz: Große Zahlen

1

Große Zahlen können wir uns nur sehr schwer vorstellen!

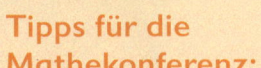

Wie viel ist 1 000 000 (eine Million)?

Tipps für die Mathekonferenz:

- Bildet kleine Gruppen!
- Sammelt Lösungsideen und probiert sie aus!
- Stellt die Ideen in der Gruppe vor!
- Gestaltet ein Forscherblatt!
- Vergleicht eure Ideen!

2 Die Kinder der Klasse 4 b entwickelten diese Ideen:

Anne und Lea:

Wir haben 1000 Reiskörner gezählt und in ein Glas gefüllt. Wir schätzen, dass in eine 1-l-Flasche 10 000 Körner passen. Dann passen in 10 Flaschen 100 000 Körner. Für 1 000 000 Reiskörner braucht man also ungefähr 100 große Flaschen.

Marie und Tim:

Wir haben im Internet gefunden, dass eine Maus etwa 6 g und ein Elefant rund 6 t wiegen. 6 t sind 6 000 000 g. 1 000 000 Mäuse wären damit so schwer wie ein Elefant. Aber es ist wirklich sehr schwer, sich eine Million Mäuse vorzustellen. Wir wissen nicht, ob sie in unser Klassenzimmer passen würden.

Max:

Ein Stapel mit 500 Blättern Papier ist etwa 5 cm hoch. Also kann man rechnen:

Zahl der Blätter	Höhe
500	5 cm
1000	10 cm
10 000	100 cm = 1 m
100 000	1000 cm = 10 m
1 000 000	10 000 cm = 100 m

Ein Stapel mit einer Million Blätter ist damit 100 m hoch.

Denkt über diese Fragen nach:

- Wie seid ihr auf eure Ideen gekommen?
- Worin unterscheiden sich eure Lösungswege und Lösungen?
- Welche Lösungsideen sind besonders gut oder sehr günstig?

Vergleicht die Ideen miteinander und mit euren Lösungen!

3 Gestaltet zur Zahl 1 000 000 eine Ausstellung!

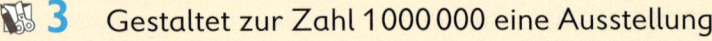

1 verschiedene Lösungswege für ein beispielhaftes Verstehen und Darstellen der Zahl 1 000 000 unter Nutzung der Tipps für die Mathekonferenz entdecken und beschreiben

2 Buchbeispiele beschreiben, miteinander vergleichen und unter Nutzung der angegebenen Fragen bewerten

1 Wie lang ist ungefähr eine Strecke aus 1 000 000 …

a) … nacheinander gesetzten Füßen,

b) … nacheinander gelegten Bleistiften,

c) … nacheinander gelegten 1-Cent-Münzen?

---

2 Wie hoch wäre etwa ein Turm aus 1 000 000 …

a) … Spielwürfeln mit einer Kantenlänge von 1 cm,

b) … Ziegelsteinen, die 10 cm hoch sind,

c) … 1-Euro-Münzen?

---

3 Wie lange würde es etwa dauern, wenn du …

a) … sehr schnell bis 1 000 000 zählen,

b) … 1 000 000 Mal deine Schuhe zubinden,

c) … 1 000 000 Mal schnell eine Stadionrunde laufen würdest?

---

4 Versucht euch die folgenden Zahlen vorzustellen und sprecht über sie!

Ein Sperbergeier kann bis zu 11 200 m hoch fliegen.

> Die „Grüne Woche" in Berlin ist weiterhin eine der attraktivsten Messen in Deutschland. Am Sonntag wurde der 500 000. Besucher begrüßt.

> Mehr als 400 000 Tierfreunde haben in diesem Jahr den Rostocker Zoo besucht.

Die längsten Tunnel in Deutschland

Straßentunnel: Rennsteigtunnel in Thüringen mit 7 916 m Länge

Eisenbahntunnel: Landrückentunnel bei Fulda mit 10 773 m Länge

1–3 jeweils die Längen bzw. Zeitspannen durch schrittweises Vervielfachen bis 1 000 000 näherungsweise bestimmen

4 jeweils passende Vergleiche zu bekannten Anzahlen oder Größenangaben aus der eigenen Umwelt herstellen

Von 1 bis 10 000

1 Ergänze!

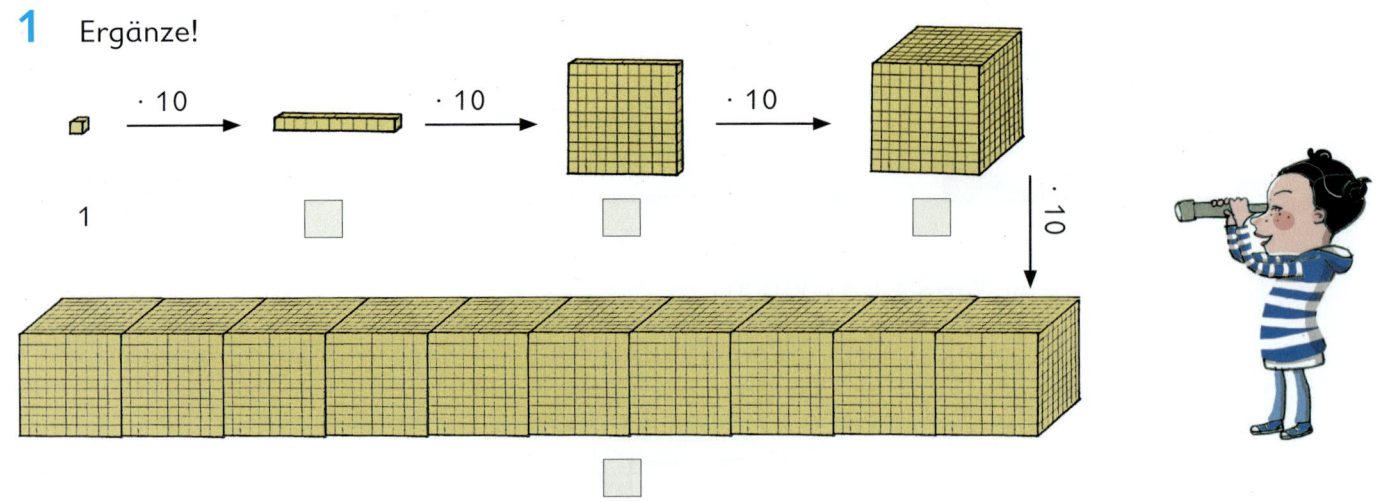

2 Welche Zahlen sind es?

a)
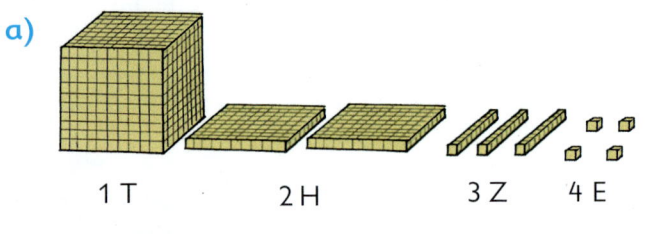

1 T   2 H   3 Z   4 E

b)
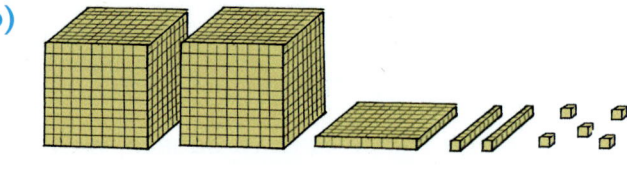

c)
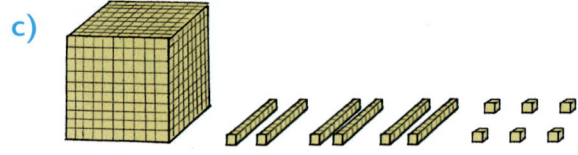

d)
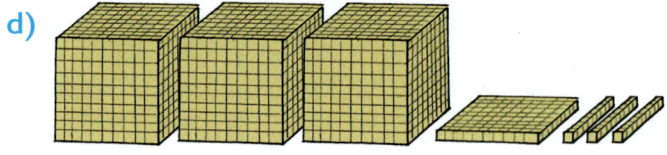

3 a) Stelle jede Zahl als Summe dar!

Beispiel: $4265 = 4000 + 200 + 60 + 5$

3876, 8431, 9119, 4250
7305, 1255, 6001, 7282
1423, 2338, 5326, 4890

b) Ergänze die Stellenwerttafel im Heft!

T	H	Z	E	Zahl
:::: (4)	:::::: (6)	: (1)	:::::::: (8)	
:::::::: (8)		: (1)	:::: (4)	
:::: (4)		:::::: (6)	:::::::: (8)	

4 Welche Zahlen hat Maria markiert?

a)

b) Setze so fort!

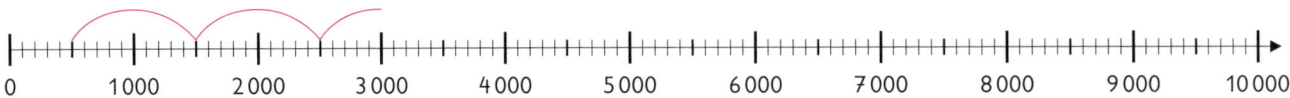

XX

1 anhand der Abbildungen den Aufbau unseres Zahlsystems von 1 über die Bündelungseinheiten 10, 100 und 1000 bis 10 000 erklären

2–4 jeweilige Zahldarstellung ggf. zuerst gemeinsam an einem Beispiel erklären, dann Aufgaben selbstständig lösen

→ AH S.10   → ÜH S.10–11

Von 10 000 bis 1 000 000

1 a) Wie viele 10 000er-Stangen sind eine 100 000er-Platte?

$$10\,000 \xrightarrow{\;\cdot\,\square\;} 100\,000$$

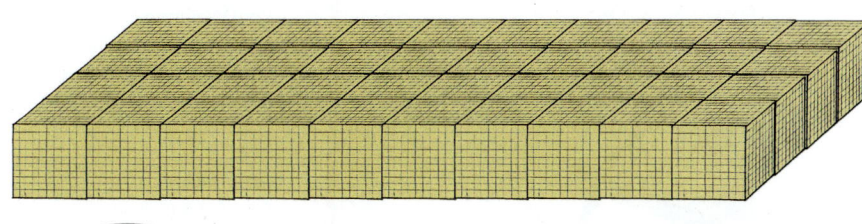

b) Wie viele 100 000er-Platten sind ein 1 000 000-Würfel?

$$100\,000 \xrightarrow{\;\cdot\,\square\;} 1\,000\,000$$

Wie lang ist eine Kante eines 1 000 000-Würfels?

c) Ergänze im Heft!

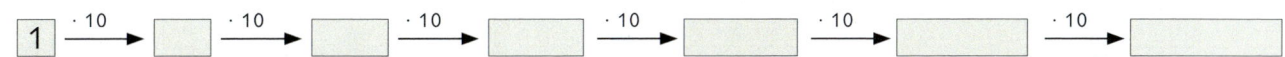

$$1 \xrightarrow{\;\cdot\,10\;} \square \xrightarrow{\;\cdot\,10\;} \square \xrightarrow{\;\cdot\,10\;} \square \xrightarrow{\;\cdot\,10\;} \square \xrightarrow{\;\cdot\,10\;} \square \xrightarrow{\;\cdot\,10\;} \square$$

2 Welche Zahl ist es jeweils?

a)
200 000 + 50 000 + 4 000 + 800 + 60 + 1
700 000 + 90 000 + 2 000 + 100 + 30 + 4
900 000 + 60 000 + 8 000 + 200 + 70
80 000 + 5 000 + 300 + 20 + 2

b)
8 HT + 1 ZT + 2 T + 4 H + 2 Z + 5 E
4 HT + 6 ZT + 7 T + 9 H + 9 Z + 2 E
6 HT + 8 ZT
3 HT + 2 ZT + 4 Z + 4 E

3 Ergänze die Stellenwerttafeln im Heft!

HT	ZT	T	H	Z	E	Zahl
•••	•	•	••	•••	•	
••••	•••	••	••	••	••••	
••	•••		•	•		
•	•		•	•••		

HT	ZT	T	H	Z	E	Zahl
7	1	5	3	2	5	
	4	3	0	6	7	
8	2	0	0	1	9	
	5	2	6	1	0	

4 Setze immer so fort! Ergänze im Heft!

a) 10 000, 20 000, …, 100 000

b) 100 000, 200 000, …, 1 000 000

c) 10 500, 20 500, …, 100 500

d) 100 500, 200 500, …, 1 000 500

5 Lies und schreibe mit Ziffern!

a) achttausendundzwölf

b) sechzehntausendvierundzwanzig

c) dreihunderttausendundneun

d) vierundsiebzigtausend-fünfhundertneununddreißig

1 anhand der Abbildungen den Aufbau unseres Zahlsystems von 10 000 bis 1 000 000 erklären

2–5 jeweilige Zahldarstellung ggf. zunächst gemeinsam an einem Beispiel erläutern, dann Aufgaben selbstständig lösen

XXI

Vielfältiges Darstellen großer Zahlen

1 **a)** Lies die Zahlen aus dem Buch der Rekorde!

Kannst du einen Rekord verbessern?

Kniebeugen
Paul Wai man Chung (Taiwan) schaffte 3 552 in einer Stunde.
Hans-Erich Prange aus Ueckermünde schaffte 5 690 in 90 min.

Jonglieren
Paul Sahli (Schweiz) jonglierte einen Ball mit beiden Füßen 94 360-mal.

Liegestütze
Rolf Heck aus Rastatt schaffte 2 354 in 30 min.
Charles Servizio (USA) schaffte 46 001 an einem Tag.

b) Maria stellt die Zahlen mit Legematerial dar:

3 T   5 H   5 Z   2 E

Tim schreibt die Zahlen als Summen:
$3\,552 = 3\,000 + 500 + 50 + 2$

Johanna trägt die Zahlen in eine Stellenwerttafel ein:

Hundert-tausender HT	Zehn-tausender ZT	Tausender T	Hunderter H	Zehner Z	Einer E
		3	5	5	2

Stelle die Zahlen auch wie Maria, Tim und Johanna dar!

2 Lies die Zahlen, schreibe sie als Summen und stelle sie auf deinem Zahlenschieber dar!

dreihundertvierzehntausendachthundertzweiundsiebzig
neunhundertdreiundfünfzigtausendvierhundertsechsundvierzig
sechsundachtzigtausendsiebenhundertunddreizehn
vierhunderttausendvierhunderteins

3 **a)** Axel stellt Zahlen in einer Stellenwerttafel so dar:

M	HT	ZT	T	H	Z	E
		••	•••	••••• •	•	••••
	••••• ••	•••	•	••	••••• •	••••
	•••••		•••••	•••	•	•• ••••
•						

Welche Zahlen sind es?

b) Anna malt bei Axels 1. Zahl einen Punkt bei den Hundertern dazu. Wie heißt die Zahl?

c) Tim malt bei Axels 2. Zahl einen Punkt dazu. Welche Zahl könnte es sein?

d) Lisa löscht bei Axels 2. Zahl einen Punkt. Welche Zahl könnte es sein?

e) Max malt bei Axels 3. Zahl einen Punkt dazu. Welche Zahl könnte es sein?

1 Texte lesen, über die Inhalte und die Rekordzahlen sprechen, verschiedene Darstellungen der Zahl 3 552 erklären und auf die anderen Rekordzahlen anwenden

2/3 Zahlen selbstständig auf verschiedene Weise darstellen, verschiedene Möglichkeiten für Darstellungen von Zahlen mit Hilfe von Punkten in einer Stellenwerttafel erkunden

1 Welche Zahlen sind jeweils rot markiert?

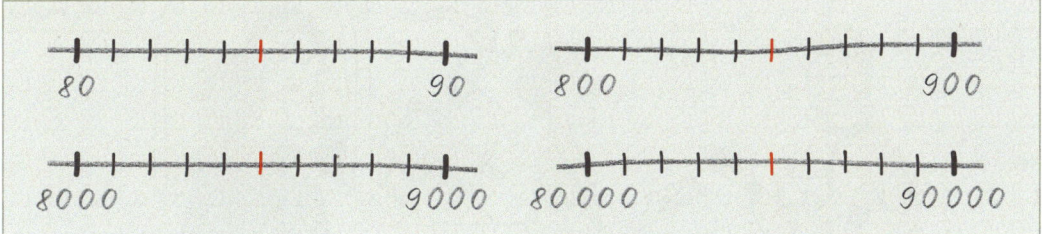

2 Zeige, wo ungefähr
119 000, 504 200 und 506 510 liegt!

3 a) Welche Zahlen hat Felix markiert?

b) Felix zählt: 100 000, 110 000, 120 000, …
107 000, 117 000, 127 000, …

Zähle immer so weiter und zeige die Zahlen auf dem Zahlenstrahl!

4 a) Welche Zahlen hat Tara markiert?

b) Tara zählt: 500 000, 501 000, 502 000, …
504 000, 514 000, 524 000, …

Zähle immer so weiter und zeige die Zahlen auf dem Zahlenstrahl!

5 a) Welche Zahlen hat Christian markiert?

b) Christian zählt: 506 000, 506 100, 506 200, …
506 010, 506 020, 506 030, …

Zähle immer so weiter und zeige die Zahlen auf dem Zahlenstrahl!

XXIII

1 markierte Zahlen auf den Zahlenstrichen bestimmen,
dabei verschiedene Zahlräume beachten

2–5 markierte Zahlen und Zahlfolgen gemäß den gegebenen
Zählrhythmen auf den Zahlenstrahlen zeigen, dabei
schrittweises Vergrößern von Zahlenstrahlteilen erkennen

→ **AH** S.11   → **ÜH** S.12–13

23

Vorgänger und Nachfolger einer Zahl

1

Welche Nummer könnte auf Lisas Karte stehen?

2 Nenne immer die vorhergehende und die nachfolgende Kartennummer!

3

Vorgänger	Zahl	Nachfolger
	24 756	
	19 000	
35 428		
82 199		
		100 000
		97 400

4

Ein Kind nennt eine Zahl.
Ein anderes Kind gibt dann
den den Vorgänger und
den Nachfolger der Zahl an.

5 Aus der Sportgeschichte

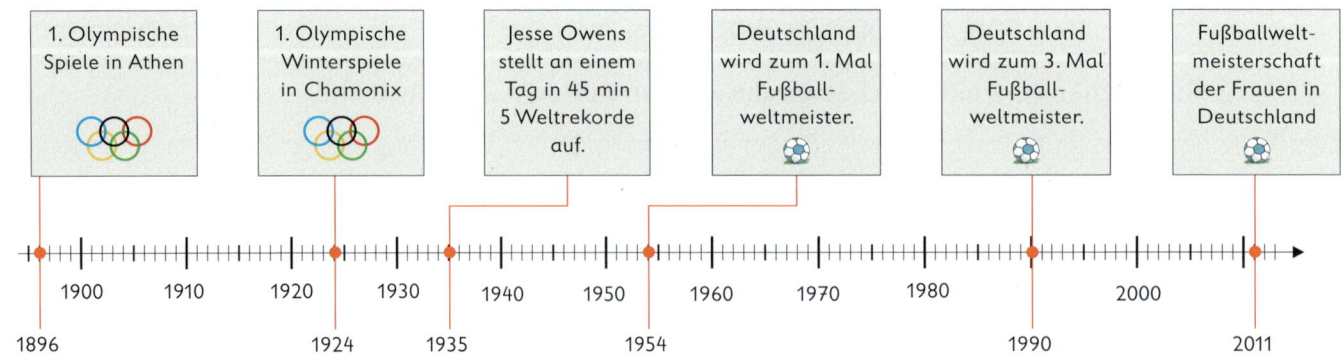

Was weißt du über die Sportereignisse?
Vergleiche die markierten Jahreszahlen!
Ergänze weitere bedeutende Sportereignisse!

1 Bildsituation beschreiben, Nachbarzahl bestimmen
2–4 jeweilige Nachbarzahlen bestimmen, ggf. mit Hilfe eines Zahlenstrahles oder eines Zahlenschiebers
5 über die Sportereignisse sprechen und sie zeitlich mit Hilfe des Zeitstrahls einordnen und vergleichen

→ AH S.12   → ÜH S.14

Nachbartausender, Nachbarhunderter, …

1 **a)** Zeige, wo auf dem Zahlenstrahl 4 128, 6 795, 9 217, 9 253 und 10 002 ungefähr liegen!

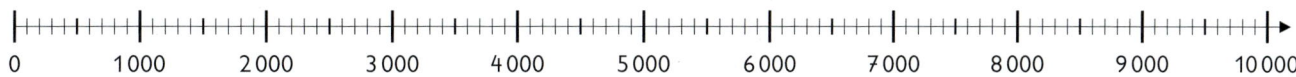

b) Ergänze im Heft! Was kannst du feststellen?

Nachbar-tausender	Zahl	Nachbar-tausender
	4 128	
	6 795	
	9 217	
	9 253	
	10 002	

Nachbar-hunderter	Zahl	Nachbar-hunderter
	4 128	
	6 795	
	9 217	
	9 253	
	10 002	

Nachbar-zehner	Zahl	Nachbar-zehner
	4 128	
	6 795	
	9 217	
	9 253	
	10 002	

2

Ich habe einen Text mit 12 138 Zeichen gespeichert.

Sind das fast 13 000 Zeichen?

Wenn Anne sich im Zahlenraum grob orientieren will, zeichnet sie schnell einen Zahlenstrich:

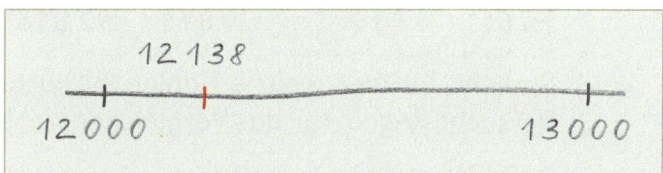

a) Auf den Zahlenstrichen hat Anne die Zahlen 8 799, 8 125, 15 306, 15 904, 63 426 und 69 008 dargestellt. Ordne zu!

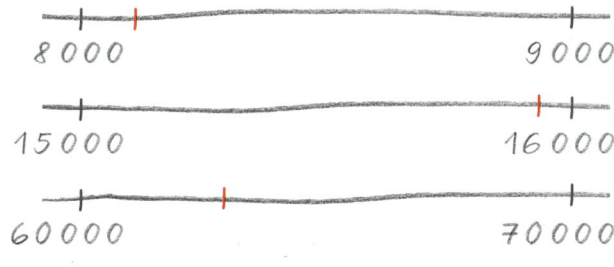

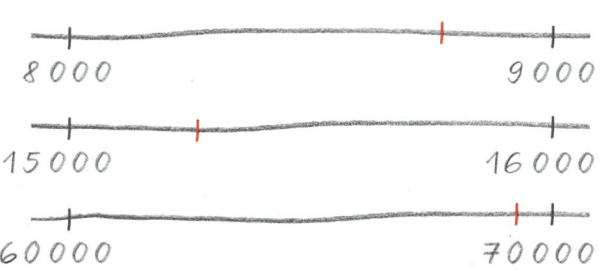

b) Gib jeweils die Nachbarhunderter und Nachbarzehner von Annes Zahlen an!

3 Zeichne Zahlenstriche mit den Zahlen

a) 4 000, 4 513 und 5 000,

b) 6 000, 6 128, 6 794 und 7 000,

c) 11 000, 11 869 und 12 000,

d) 17 000, 17 207, 17 902 und 18 000,

e) 300 000, 371 820 und 400 000,

f) 500 000, 513 594, 504 089 und 600 000!

XXV

1 *gegebene Zahlen näherungsweise auf dem Zahlenstrahl zeigen, Tabellen im Heft ergänzen, Sonderfälle der Zuordnung von Nachbartausendern, -hundertern, …beachten*

2/3 *Zahlen auf Zahlenstrichen näherungsweise bestimmen bzw. darstellen*

Vergleichen und Ordnen der Zahlen bis 1 000 000

1 Die beiden vierten Klassen der Grundschule am Weinberg führten einen Spielenachmittag durch. Die Klasse 4a erreichte 1824 Punkte und die Klasse 4b 2113 Punkte. Welche Klasse erreichte mehr Punkte?

Mia vergleicht die Zahlen mit Hilfe einer Stellenwertafel:

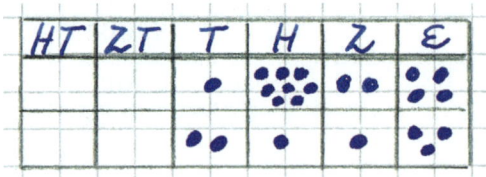

Finn vergleicht die Zahlen mit Hilfe eines Zahlenstriches:

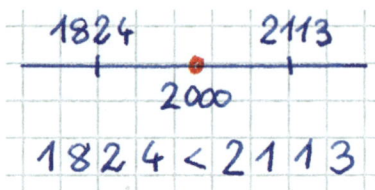

Anna vergleicht beide Tausenderzahlen:

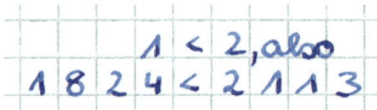

Beschreibe, wie die Kinder vorgehen! Wie würdest du vergleichen?

---

2 Vergleiche!

a) 9 377 ⬭ 2 650
   426 ⬭ 8 125
   5 137 ⬭ 6 041
   7 265 ⬭ 936

b) 17 829 ⬭ 31 422
   55 614 ⬭ 22 904
   64 730 ⬭ 84 730
   29 815 ⬭ 92 815

c) 5 721 ⬭ 5 034
   1 943 ⬭ 11 265
   62 505 ⬭ 68 503
   30 147 ⬭ 7 410

d) 624 138 ⬭ 7 609
   82 405 ⬭ 111 222
   437 773 ⬭ 440 318
   765 924 ⬭ 795 926

e) Sprecht darüber, welche Zahlen ihr leicht vergleichen konntet! Versucht Regeln für das Vergleichen großer Zahlen aufzustellen!

---

3 a) Welche Zahlen liegen
   – zwischen 14 215 und 14 222,
   – zwischen 99 794 und 99 806?

b) Welche geraden Zahlen liegen
   – zwischen 30 815 und 30 830,
   – zwischen 125 790 und 125 811?

c) Welche Zehnerzahlen liegen
   – zwischen 5 555 und 5 599,
   – zwischen 9 898 und 10 001?

d) Welche ungeraden Zahlen liegen
   – zwischen 68 412 und 68 420,
   – zwischen 168 412 und 168 420?

---

4 a) Vergleiche jeweils beide Entfernungen!

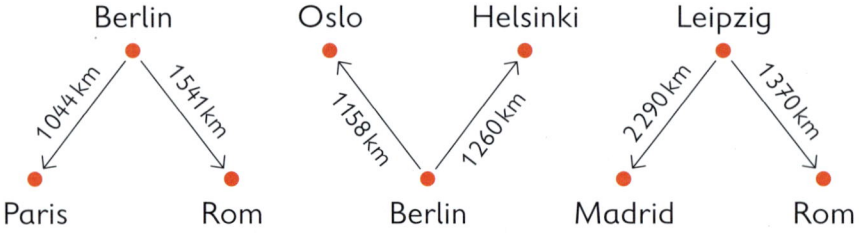

Welche Städte kennst du schon?

b) Schätzt, wie lange ungefähr eine Autofahrt zwischen jeweils 2 Städten dauern könnte! Vergleicht eure Strategien beim Schätzen!

XXVI

1 über den Sachverhalt gemeinsam sprechen, verschiedene Vergleichsstrategien erkennen und sie beschreiben
2 Zahlen mit Hilfe selbst bestimmter Strategie vergleichen

3/4 selbstständig effektive Vergleichs- und Ordnungsstrategien anwenden und erforderliche Sachkompetenzen beim Lösen der Aufgaben nutzen

26　　　　　　　→ **AH** S.13　→ **ÜH** S.15

1 Ordne die jeweiligen Zahlen- und Größenangaben in den Tabellen!
Sprich über die Angaben mit deinen Mitschülern!

Wolkenhöhen

Wolkenart	ungefähre Höhe
Haufenwolken	bis 6 000 m
Federwolken	8 000 m bis 12 000 m
Kleine Schäfchenwolken	6 000 m bis 12 000 m
Große Schäfchenwolken	2 000 m bis 6 000 m

Meerestiefen

Meer	Tiefe
Calypso-Tiefe (Mittelmeer)	5 121 m
Ostsee	459 m
Planet-Tiefe (Indischer Ozean)	7 455 m
Marianengraben (Pazifischer Ozean)	11 034 m
Meteortiefe (Atlantischer Ozean)	8 264 m

Hohe Berge

Berg	Höhe
Zugspitze (Deutschland)	2 962 m
Montblanc (Frankreich)	4 810 m
Ätna (Italien)	3 323 m
Großglockner (Österreich)	3 798 m
Monte Rosa (Schweiz)	4 634 m

Die längsten Flüsse

Fluss	Länge
Amazonas (Südamerika)	6 448 km
Wolga (Europa)	3 530 km
Donau (Europa)	2 857 km
Elbe (Europa)	1 094 km
Nil (Afrika)	6 852 km
Rhein (Europa)	1 230 km

2 Welche und wie viele vierstellige Zahlen
kannst du aus den jeweiligen Ziffernkarten legen?

a) 1 1 1 1

b) 3 3 4 4

c) 9 9 9 8

d) 6 6 5 5

Ordne die Zahlen immer nach der Größe!

3 a) Wie heißt die größte vierstellige Zahl?

b) Wie heißt die kleinste fünfstellige Zahl?

c) Wie groß ist die Differenz zwischen der größten und der kleinsten sechsstelligen Zahl?

4

HT	ZT	T	H	Z	E

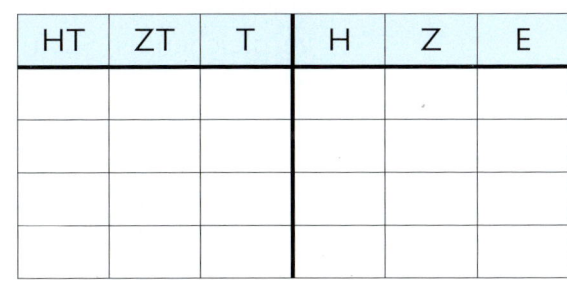

a) Welche größte (kleinste) Zahl kannst du in der Stellenwerttafel mit

– 2 Plättchen, – 6 Plättchen,
– 11 Plättchen, – 54 Plättchen legen?

b) Wählt andere Anzahlen und legt immer die größte (kleinste) Zahl.

1 über den jeweiligen Sachverhalt gemeinsam sprechen und dann die Größenangaben in den Tabellen vergleichen und ordnen

2–3 verschiedene Möglichkeiten der Zahlbildung mit Hilfe von Ziffernkarten bzw. von Punkten in einer Stellenwerttafel ermitteln, die Zahlen jeweils vergleichen bzw. ordnen

→ AH S.13 → ÜH S.15

Schaubilder und Diagramme

1 Die Größe von Zahlen und Zahlbeziehungen kannst du gut auf Schaubildern, auf Streifen- oder Streckendiagrammen erkennen.

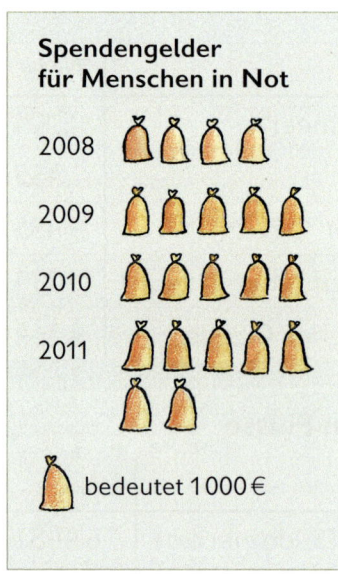

Spendengelder für Menschen in Not

2008
2009
2010
2011

bedeutet 1000 €

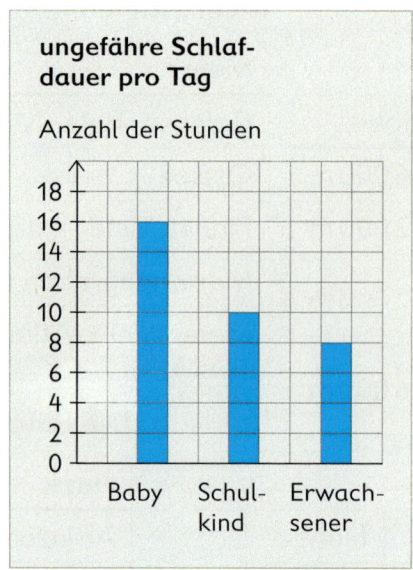

ungefähre Schlafdauer pro Tag

Anzahl der Stunden

Baby Schulkind Erwachsener

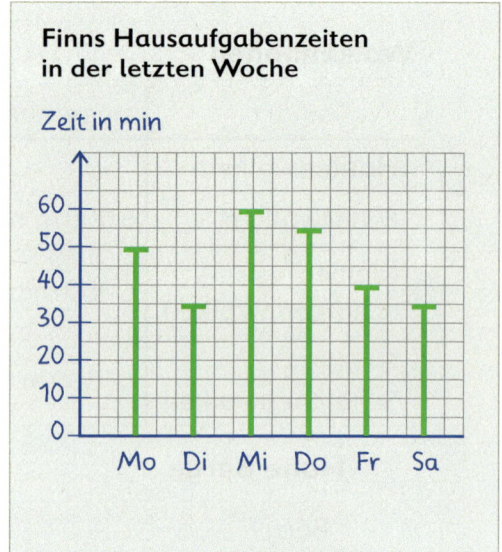

Finns Hausaufgabenzeiten in der letzten Woche

Zeit in min

Mo Di Mi Do Fr Sa

Beschreibt, was auf dem Schaubild, auf dem Streifen- und auf dem Streckendiagramm dargestellt ist! Vergleicht die Angaben jeweils mit Größenwerten aus eurem Bekanntenkreis!

2 **a)** Nele hat mit 2 Würfeln 30-mal gewürfelt und folgende Augenzahlsummen erzielt:

2	3	4	5	6	7	8	9	10	11	12
I	I	I	IIII	HHH	HHH I	IIII	III	I	III	I

Tim hat 50-mal gewürfelt und folgende Augenzahlsummen in seine Tabelle geschrieben:

2	3	4	5	6	7	8	9	10	11	12
II	II	III	HHH	HHH II	HHH HHH	HHH II	III	IIII	III	II

Stelle die Ergebnisse von Nele und Tim jeweils in einem Diagramm dar und vergleiche sie dann miteinander!

b) Würfle wie Nele und Tim mit 2 Spielwürfeln! Fertige zu deinen Ergebnissen zuerst eine Strichliste, dann ein Diagramm an!

c) Vergleiche deine Ergebnisse mit denen von Nele und Tim! Erkläre die verschiedenen Häufigkeiten!

Tipps zum Anlegen von Diagrammen

1. Prüfe, ob geeignete Daten oder Messwerte vorhanden sind (zum Beispiel in einer Tabelle oder als Strichliste)!

2. Schätze ein, wie viel Platz du ungefähr für das Diagramm benötigst!

3. Beachte beim Zeichnen des Diagramms:
   - Zeichne zuerst 2 zueinander senkrechte Linien und beschrifte sie:
     – eine Linie mit den zu vergleichenden Sachverhalten (z.B. Alter),
     – die andere Linie als eine Skala mit einer Einteilung für Anzahlen oder Messwerte!
   - Zeichne dann alle Strecken für die Sachverhalte!

---

1 Themen und Sachzusammenhänge beschreiben, dabei Unterschiede zwischen einem Schaubild, einem Streifen- und einem Streckendiagramm herausstellen

2 Diagramme unter Nutzung der nebenstehenden Tipps anfertigen, Angaben vergleichen und darüber gemeinsam sprechen

1

a) Übertrage das Streckendiagramm in dein Heft
und ergänze es durch
eine Strecke für deine
Klasse!

b) Sprecht über eure Haustiere! Welche Haustiere
habt ihr mehrfach,
welche nur einmal?

Wie viele Kinder haben ein Haustier?

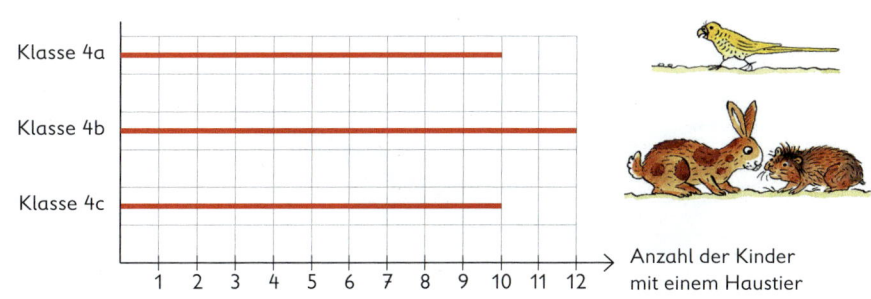

2

a) Was kannst du aus dem
Streifendiagramm ablesen?

b) Übertrage das Streifendiagramm in dein Heft und
ergänze es durch jeweils
einen Streifen für Maus-
wiesel (20 cm lang),
Hermelin (35 cm lang),
Wildkatze (90 cm lang)!

c) Welches Raubtier ist
etwa 5-mal so lang
wie ein Mauswiesel?

Ungefähre Körperlänge einheimischer Raubtiere

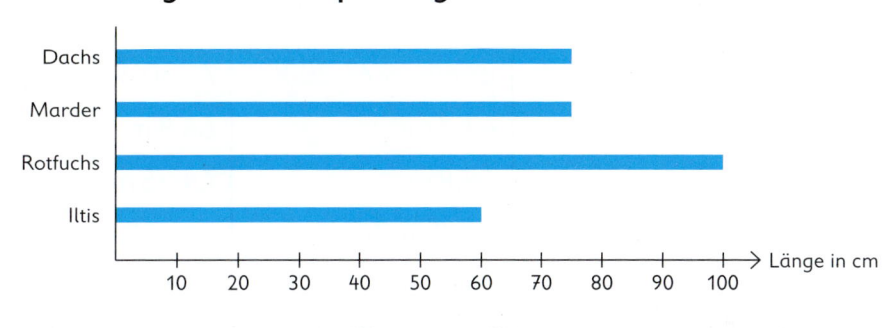

3

a) Was kannst du aus dem
nebenstehenden Streifen-
diagramm ablesen?

b) Übertrage das Streifendiagramm und ergänze es
durch einen Streifen für
Bohnen (1,7 m Wurzeltiefe)!

c) Gib den Unterschied zwischen
den Wurzeltiefen von Weizen
und Roggen an!

Ungefähre Wurzeltiefe von Pflanzen

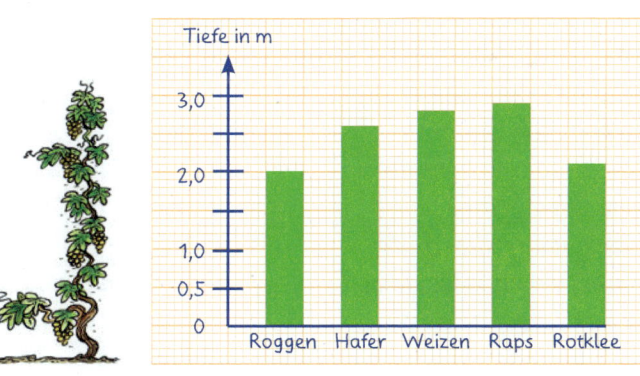

d) Die Wurzeln eines Weinstockes können 6-mal so tief wie die Wurzeln von Roggen sein.
Welche Wurzeltiefe wäre das?

4

a) Messt eine Woche lang täglich 3-mal zu jeweils
gleichen Zeiten (zum Beispiel immer um 7 Uhr,
um 15 Uhr und um 18 Uhr) die Außentemperatur!

b) Tragt eure Messergebnisse in eine Tabelle ein
und stellt die Ergebnisse in Diagrammen dar!
Vergleicht eure Ergebnisse mit denen eurer
Mitschüler!

---

*1–3 Texte lesen und darüber unter Einbeziehung der
Diagramme sprechen, Diagramme unter Nutzung der
Tipps von S. 28 ergänzen*

*4 Daten in einer Tabelle erfassen, anschließend hierzu ein
Diagramm anfertigen und die Ergebnisse vergleichen,
interpretieren sowie sinnvolle Aufgaben bilden und lösen*

Näherungswerte

1 **a)** Sprecht über die Zahlenangaben!

Die Boeing 777-200LR verfügt über eine Reichweite von etwa 17 400 km.

Der A350-900R wird über eine Reichweite von etwa 19 100 km verfügen.

	Boeing 777-200LR	A350-900R
Länge	63,7 m	66,9 m
Spannweite	64,8 m	64,75 m
Geschwindigkeit	896 km/h	etwa 945 km/h
Startgewicht	347 000 kg	298 000 kg
Sitzplätze	301	314
Erstflug	2005	voraussichtlich 2016

b) Warum werden manchmal genaue Werte verwendet und manchmal Näherungswerte?

c) Gestaltet ein Plakat mit Näherungswerten! Sprecht über die Bedeutung der Zahlen!

2 Franz und Tim haben sich Aufgaben zu Näherungswerten ausgedacht:

> Wie viele PKWs können so viele Personen befördern wie eine Boeing 777? Wie lang wäre die Autoschlange, wenn alle diese PKWs hintereinander stehen würden?

> Am Flughafen Leipzig/Halle starten und landen über zwei Millionen Passagiere jährlich. Wie viele Flugzeuge müssen jährlich etwa starten und landen, um so viele Passagiere zu befördern?

Löst die Aufgaben! Vergleicht eure Lösungswege!

3 Erkunde Zahlen zu Bussen, Bahnen und Schiffen im Internet! Stelle dazu Aufgaben, bei denen mit Näherungswerten gerechnet werden muss!

XXX

1 *Texte lesen, über Größenangaben als sinnvolle Näherungswerte sprechen*

2 *Texte lesen, gesuchte Zahlen als Näherungswerte bestimmen, dabei Alltagserfahrungen, spezielles Sachwissen u. Ä. nutzen*
3 *interessante Daten erkunden, Aufgaben stellen und lösen*

1 **a)** Sprecht über die Zahlenangaben!

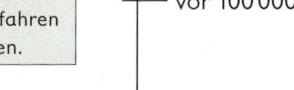
Jahr 2000
Christi Geburt

Die berühmte Himmelsscheibe von Nebra gibt Einblick in das Wissen unserer Vorfahren vor etwa 3600 Jahren.

— vor 100 000 Jahren

Das Landesmuseum für Vorgeschichte in Halle hat mehr als 11 Millionen Fundstücke. Hierzu gehören auch die Fundstücke auf der nebenstehenden Zeittafel.

— vor 200 000 Jahren

Rund 200 000 Jahre alt sind die versteinerten Überreste aus dem Geiseltal.

b) Gib mögliche Zeitspannen für jeden Näherungswert an!

— vor 300 000 Jahren

c) Warum wurde das Alter einmal auf Hunderterzahlen und einmal auf Zehntausenderzahlen gerundet?

Oberarmknochen eines Waldelefanten rund 370 000 Jahre alt.

— vor 400 000 Jahren

2 Wissenschaftler ermittelten für das Alter der Himmelsscheibe verschiedene Angaben:

3 565 Jahre   3 578 Jahre   3 600 Jahre   3 612 Jahre

Erkläre, warum das Alter der Himmelsscheibe mit rund 3 600 Jahren angegeben wird!

3

Rundungsregeln: Bei 1, 2, 3, 4 wird abgerundet. Bei 5, 6, 7, 8, 9 wird aufgerundet.

Himmelsscheibe: $3649 \approx 3600$ Knochenfund: $374\,999 \approx 370\,000$

$3550 \approx 3600$ $365\,000 \approx 370\,000$

3 500   3 600   3 700   3 800   350 000   360 000   370 000   380 000

Erkläre die Regeln!

4 **a)** Runde auf Zehnerzahlen!

59	456	54 327	345 781
73	512	43 275	856 389

b) Welche ist die kleinste Zahl, die beim Runden auf Zehnerstellen 50 (680, 2 360) ergibt?

5 **a)** Runde auf Hunderterzahlen!

983	2 391	34 527	655 655
712	3 040	56 789	439 876

b) Runde auf Tausenderzahlen!

5 678	56 789	567 890
3 456	34 567	123 456

XXXI

1 *Texte lesen, über die Größenangaben sprechen und sinnvolle Näherungswerte bestimmen*
2 *Näherungswerte miteinander vergleichen und bewerten*
3 *anhand der Abbildungen die Rundungsregeln erklären*
4 *Rundungsregeln selbstständig anwenden*

→ **AH** S.15   → **ÜH** S.16–17

31

Einheiten der Länge

1 Paul ist im Urlaub mit einer Schmalspurbahn gefahren. Im Internet hat er dazu Zahlen gesammelt und sie in einer Tabelle zusammengestellt.

	Harz-querbahn	Bäderbahn Molli	Rasender Roland
fährt zwischen	Nordhausen / Wernigerode	Kühlungsborn / Bad Doberan	Altefähr / Göhren
Strecken-länge	60,5 km	15,4 km	59,4 km
Spur-weite	1000 mm	900 mm	750 mm

Rasender Roland

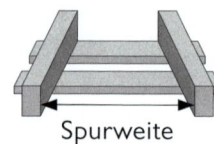

Spurweite

a) Zeige die Orte auf einer Landkarte!

b) Zeige die Spurweiten an einem Tafellineal!

c) Vergleiche die Längenangaben!

2 Paul hat eine Karte zur Eisenbahnstrecke des Rasenden Rolands gezeichnet.

a) Erkläre die Längenangaben!

b) Schätzt, welchen der Abschnitte ihr in 20 Minuten zu Fuß gehen könntet!

c) Wie könnt ihr vorgehen, um eure Schätzergebnisse zu überprüfen?

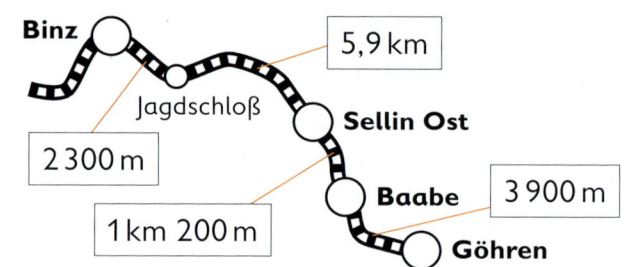

Binz
Jagdschloß
5,9 km
Sellin Ost
2300 m
Baabe
3900 m
1 km 200 m
Göhren

3 Kann das stimmen? Begründe deine Antwort!

> Ein Eisenbahngleis einer Schmalspureisenbahn ist 75 m breit.

> In 1 Minute kann man 100 000 mm weit gehen.

> Ein Stuhl ist 50 m hoch.

4 Erkläre!

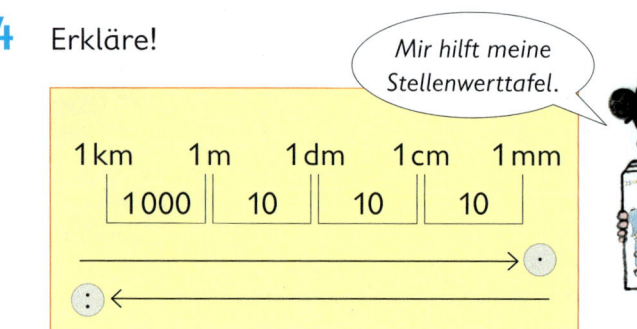

Mir hilft meine Stellenwerttafel.

1 km	1 m	1 dm	1 cm	1 mm
	1000	10	10	10

1 km	100 m	10 m	1 m	Länge
5	5	0	0	5,5 km
5	0	5	0	5,05 km
5	0	0	5	5,005 km

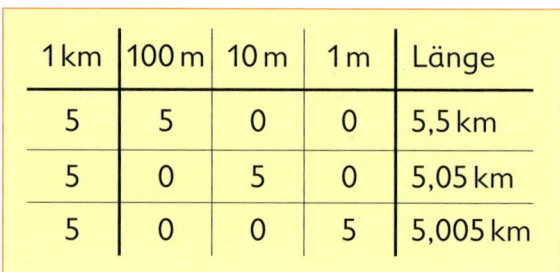

5 **a)** Wandle in Meter um!

3 km 12 km
5 km 15,4 km
$\frac{1}{2}$ km 60 km 400 m

b) Wandle in Kilometer um!

3000 m 3 km 400 m
59 000 m 59 km 400 m
400 m 35 km 35 m

c) Schreibe mit Komma!

3 km 555 m 1234 m
3 km 55 m 10 234 m
3 km 5 m 12 340 m

XXXII

1 Text lesen, Angaben der Tabelle erklären, zugehörige Aufgaben lösen
2 Karte erklären, Schätzzahlen ermitteln und prüfen

4 Pfeilbild mit Hilfe von Beispielaufgaben erklären
5 Umwandlungsaufgaben mit Hilfe des Pfeilbildes von Aufgabe 4 lösen

32 → AH S. 16 → ÜH S. 18–19

1 Tims Vater ist Zugbegleiter. Er hat für Tim aus einer Zeitschrift
interessante Zahlen über den ICE mitgebracht.

a) Erläutere die Tabelle!

ICE-T Vergleichsdaten	5 Wagen	7 Wagen
Länge	132 600 mm	184 400 mm
Dienstgewicht	274 t	372 t
Sitzplätze 1. Klasse	41	53
Sitzplätze 2. Klasse	209	298

b) Wie lang ist ein ICE-T
mit 5 (7) Wagen?

c) Gib die Längenangaben in einer
für dich sinnvollen Einheit an!

d) Wie lang ist ein Wagen der ICE-T-Klasse etwa?

e) Zeigt von der Schule aus einen Weg,
der etwa genauso lang ist wie ein ICE-T
mit 5 Wagen!

---

2 Tim hat sich im Internet über den Neubau der Eisenbahnstrecke Erfurt – Halle/Leipzig
informiert und ein Aufgabenplakat erstellt.

Brücke	Länge
Saale-Elster-Talbrücke	8 614 m
Stöbnitztalbrücke	297 m
Unstruttalbrücke	2,668 km
Saubachtalbrücke	2 480 dm
Gänsebachtalbrücke	1,012 km
Scherkondetalbrücke	576,5 m

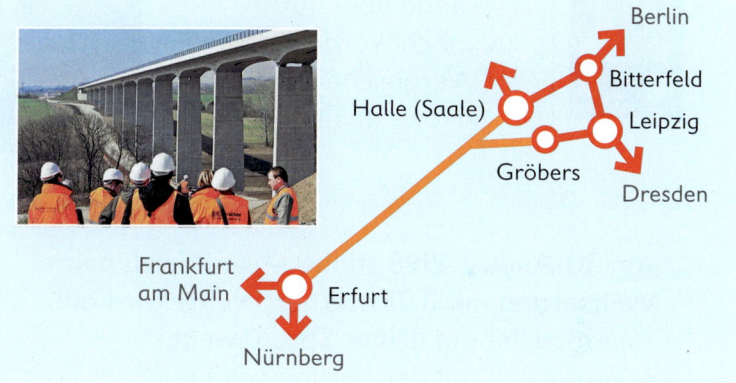

a) Gib alle Brückenlängen in m und km an und ordne sie!

b) Die Saubachtalbrücke besteht aus zwei zueinander parallelen Brücken.
Sie hat einen Brückenpfeilerabstand von etwa 40 m. Wie viele Pfeiler hat sie?

c) Wie viele Kilometer der neuen Eisenbahnstrecke führen über Brücken?

d) Schätzt, welche Brücke man zu Fuß in 10 min überqueren könnte!

---

3 Vergleiche!

a) 2 300 km ⚪ 2 300 km
4 005 m ⚪ 5 004 m
6 543 km ⚪ 3 456 m
3,5 km ⚪ 3 500 m
6,4 km ⚪ 6 km 40 m

b) 420 mm ⚪ 42 cm
4,2 dm ⚪ 4 m 20 cm
8,42 km ⚪ 842 m
0,42 km ⚪ 402 m
4,2 m ⚪ 42 dm

c) 4 200 mm ⚪ 44,2 m
543 mm ⚪ 54 dm
8 005 cm ⚪ 80,5 m
8 055 m ⚪ 8,55 km
2 010 mm ⚪ 2,1 m

XXXIII

1 Text lesen, Angaben der Tabelle erklären, zugehörige
Aufgaben lösen
2 Karte und Angaben der Tabelle erklären, zugehörige

Aufgaben unter Nutzung von Sachkompetenzen ermitteln
und überprüfen
3 Umwandlungsaufgaben selbstständig lösen

→ AH S.16   → ÜH S.18–19

33

Einheiten der Länge

1 Die Kinder der Klasse 4a haben interessante Längenangaben gesammelt. Erzähle und rechne!

200 m

Ein Bambus kann am Tag 60 cm und mehr wachsen.
- Wie viele Meter sind das in einer Woche?
- Wie lange müsste er wachsen, um so groß wie der Berliner Fernsehturm zu sein?

Ein Mammutbaum kann über 100 m hoch werden. Vergleiche mit der Höhe deiner Schule!

Das höchste Gebäude der Welt, der Burdsch Chalifa in Dubai ist 460 m höher als der 368 m hohe Berliner Fernsehturm.

Die Wüstenameise Cataglyphis wird bis zu 14 mm lang. Sie läuft mehr als 100 m pro Tag.
Wievielmal größer bist du etwa? Welche Strecke müsstest du zu Fuß zurücklegen?

Am 30. August 1998 stellte Mike Powell beim Weitsprung mit 8,95 m einen Weltrekord auf.
- Vergleiche mit deiner Sprungweite!
- Vergleiche mit der Sprungweite von Tiger, Floh und Heuschrecke!

Tierart	Sprungweite	Körperlänge
Tiger	5 m	3 m
Floh	0,6 m	3 mm
Heuschrecke	2 m	6,5 cm

2 Sammelt interessante Längenangaben! Bildet Aufgaben und rechnet!

3 Wandle um!

a) in Kilometer	b) in Meter	c) in Dezimeter	d) in Zentimeter	e) in Millimeter
2 345 m	321 km	3 km	1,234 km	0,2 km
3 000 dm	432 dm	34 m	12,34 m	234 m
450 cm	543 cm	304 m	12,34 dm	20,5 m
750 m	654 mm	50 cm	1 234 mm	0,4 m
409 m	0,07 km	505 cm	4 040 mm	0,005 m
34 500 mm	7 050 cm	550 mm	404 m	0,5 dm

XXXIV

1 *Texte lesen, über die Zahlenangaben gemeinsam sprechen, Angaben der Tabelle erklären, zugehörige Aufgaben allein oder in Partnerarbeit lösen*   **3** *Umwandlungsaufgaben selbstständig lösen*

34   → AH S.16   → ÜH S.18–19

Dualzahlen

 1

Mikrochip eines Computers

Ein Computer benutzt nur die Zeichen 0 und 1.
Die beiden Zeichen werden durch einen Schalter erzeugt.
1 bedeutet: Schalter an.
0 bedeutet: Schalter aus.
Der Computer kann nur mit diesen beiden Zeichen
alle Zahlen darstellen. Weil die Zahlen nur aus 2
verschiedenen Zeichen bestehen, heißen sie **Dualzahlen.**

a) Erforscht das System der Dualzahlen!
Ihr braucht hierfür Legematerial und eine besondere Stellenwerttafel:

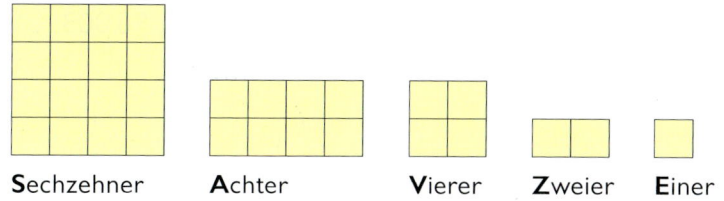

S (16er)	**A** (8er)	**V** (4er)	**Z** (2er)	**E** (1er)

Sechzehner   **A**chter   **V**ierer   **Z**weier   **E**iner

Beachtet: Beim Darstellen einer Zahl dürft ihr
jedes Legeteil höchstens einmal verwenden.

b) Legt, ergänzt die Stellenwerttafel
und schreibt als Dualzahl!
5, 7, 15, 16, 20, 24, 29, 31

c) Ergänzt!

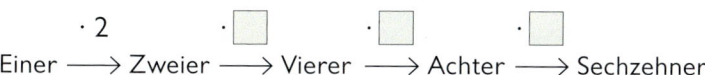

Einer $\longrightarrow$ Zweier $\longrightarrow$ Vierer $\longrightarrow$ Achter $\longrightarrow$ Sechzehner
· 2   · ☐   · ☐   · ☐

d) Vergleicht unsere Zahlen mit den Dualzahlen!
Nennt Gemeinsamkeiten und Unterschiede!

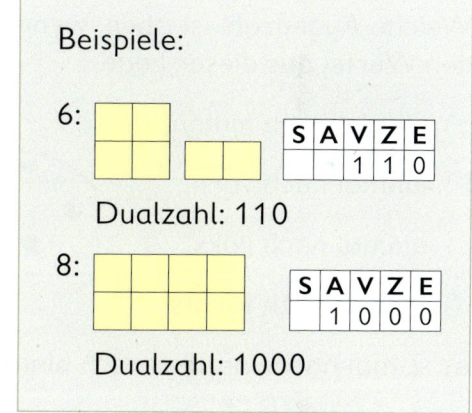

Beispiele:

6:

S	**A**	**V**	**Z**	**E**
		1	1	0

Dualzahl: 110

8:

S	**A**	**V**	**Z**	**E**
	1	0	0	0

Dualzahl: 1000

---

 2 Übersetzt! Nutzt dazu die Stellenwerttafel!

a) 11, 100, 1100, 1111, 1, 1001, 0

b) 11011, 10001, 10101, 10011, 11100, 111111

---

3 Ein einzelner Schalter eines Computers heißt **Bit,** eine Kombination aus 8 Schaltern heißt **Byte.**
In den Mikrochips eines Computers befinden sich viele Millionen Schalter. Ermittle, wie viele
verschiedene Zeichenmöglichkeiten schon mit 2, 3 oder 4 Schaltern erzeugt werden können.
Nutze dazu eine Tabelle:

Anzahl der Schalter	Zeichen-möglichkeiten	Anzahl der Zeichen-möglichkeiten
1	1, 0	2
2	11, 10, 01, 00	
3	111, …	
4		

1 Text lesen und darüber gemeinsam sprechen, System
  der Dualzahlen mit Hilfe der Abbildungen und Beispielaufgaben erforschen
2 Dualzahlen mit Hilfe einer Stellenwerttafel bzw. mit Legematerial in unser Zahlsystem übersetzen
3 Tabelle im Heft ergänzen

Üben von Station zu Station

Station 1 Zahlenschieber

Ein Kind nennt eine Zahl, ein anderes stellt die Zahl am Zahlenschieber ein.

Station 2 Stellenwerttafel

a) Welche Zahlen hat Lara dargestellt?

HT	ZT	T	H	Z	E
•	••	•	••	•	•••
•	•	•	•	•	•
••		••	•		•••

b) Stelle wie Lara dar:
75 123, 8 128, 96 403, 124 312, 98 003, 213 040, 5 005, 17 704, …

Station 3 Würfel kippen

Welche Augenzahl ist oben, wenn du den Würfel aus dieser Lage

a) einmal nach hinten,

b) einmal nach vorn,

c) einmal nach links,

d) einmal nach rechts,

e) 2-mal nacheinander nach hinten,

f) 3-mal nacheinander nach vorn kippst?

Station 4 Zahlen vergleichen

a) <, > oder = ?

12 537 ◯ 102 643   412 205 ◯ 421 700

843 143 ◯ 65 258   23 704 ◯ 32 704

305 281 ◯ 350 821   85 176 ◯ 85 716

71 525 ◯ 75 152   60 024 ◯ 60 240

b) Ordne!

17 250   71 250   12 750   107 250   201 075

Station 5 Runden

a) Runde auf Hunderterzahlen!
4 532, 16 915, 82 650, 951, …

b) Runde auf Meter!

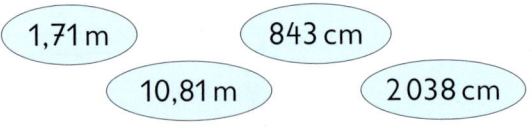

1,71 m   843 cm   10,81 m   2 038 cm

c) Runde sinnvoll!
Im Stadion sind 42 175 Zuschauer. Das Fußballfeld ist 105,20 m lang und 97,85 m breit.

Station 6 Längen

a) Ordne von kurz nach lang!

1,5 m   0,15 km   150 mm   1,5 cm

b) Gib für jede Längenangabe ein Beispiel aus deiner Schulumgebung an!

c) Erfinde zu 2 Längenangaben eine Rechengeschichte! Schreibe sie auf oder male ein Bild dazu!

XXXVI

Aufgaben der Übungsstationen von Kindern selbst auswählen und lösen oder alle Übungsstationen von jedem Kind nacheinander bearbeiten lassen, eine weitere Übungsstation mit selbst gewählten Aufgaben ergänzen

Aus der Knobelkiste

1 Ergänze zu Zaubervierecken!

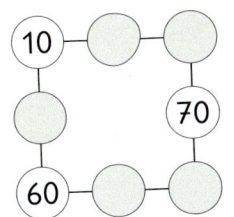 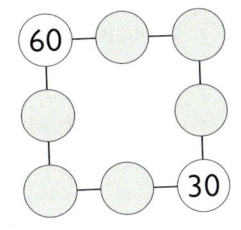

Zauberzahl: 120   Zauberzahl: 150

Tipp: Verwende nur Zehnerzahlen!

2 Als Lisa einen Schäfer nach der Zahl seiner Schafe fragt, antwortet der Schäfer: „Angenommen, ich würde von meinen Schafen die Hälfte verkaufen. Von den restlichen Schafen würde ich wiederum die Hälfte verkaufen. Dann hätte ich noch 15 Schafe!" Wie viele Schafe hat der Schäfer?

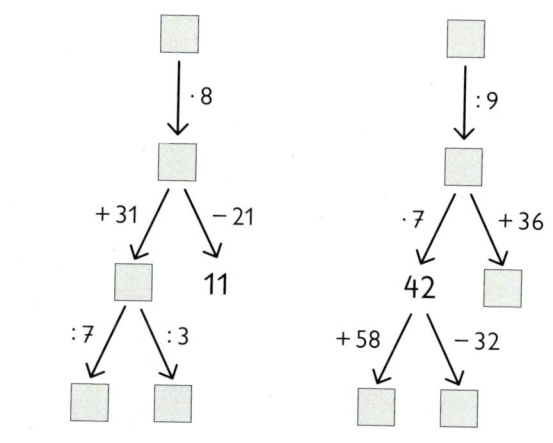

3 Ist die Birne schwerer als die Tomate?

4 Auf einem Zaun sitzen 5 Spatzen. Ein Junge verjagt sie. Wie viele Spatzen könnten zwei Jungen verjagen?

Aufgepasst! Eine Aufgabe ist eine Scherzaufgabe!

5 Stell dir vor, du nimmst mit geschlossenen Augen 5 Kugeln aus der Kiste.

Was ist
– möglich,
– unmöglich,
– sicher?

a) Eine Kugel ist rot.

b) 2 Kugeln sind blau.

c) Alle Kugeln haben die gleiche Farbe.

d) Die Kugeln haben 2 verschiedene Farben.

e) 3 Kugeln sind rot.

6 Ermittle immer die fehlenden Zahlen!

$\cdot 8$

$+31$ -21

11

$:7$ $:3$

$:9$

$\cdot 7$ $+36$

42

$+58$ -32

1–6 Knobelaufgaben durch Probieren, Nutzen von Zahl-beziehungen, durch Legen, mit Hilfe von Tabellen, Skizzen u. Ä. lösen

→ AH S.17   → ÜH S.20

Das kann ich schon! Die Zahlen bis 1 000 000

Zählen

1
a) Zähle
- von 378 995
  bis 379 005
- von 639 798
  bis 639 807
- von 42 601
  bis 42 589 !

b) Zähle von 356 700 weiter:
- in Tausenderschritten,
- in Hunderterschritten,
- in Zehntausender-schritten!

c) Zähle von 250 000 auf verschiedene Weise bis 1 Million!

Erkläre deine Zählregeln!

Zahlen darstellen

2
a) Lies jede Zahl und stelle sie auf dem Zahlenschieber dar!

798 046	40 852
666 333	987 654

b) Trage die Zahlen von Aufgabe a) in eine Stellenwerttafel ein! Zerlege sie dann!
z.B.:
798 046 = 7HT + …

c) Welche Zahlen kannst du mit 2 Punkten in einer Stellenwerttafel darstellen?

HT	ZT	T	H	Z	E

Zahlen vergleichen

3
a) <, > oder =?

73 873 ◯ 77 838
38 773 ◯ 73 837
88 737 ◯ 88 737

b) <, > oder =?

24 613 m ◯ 2 461 km
8 778 kg ◯ 8 779 g
73 561 km ◯ 73 651 m

c) Bilde aus den Ziffernkarten

2	2	4	4	6	6

6-stellige Zahlen und vergleiche sie!

Nachbarzahlen angeben

4
a) Nenne von jeder Zahl immer den Vorgänger und den Nachfolger!

350 000

479 699	857 000

b) Nenne von jeder Zahl immer die Nachbarzehner, Nachbarhunderter und Nachbartausender!

301 825	679 999

856 000

c) Wie viele Zahlen liegen immer zwischen zwei Nachbartausendern?

Begründe!

Zahlen lesen und schreiben

5
a) Schreibe die Zahlen mit Ziffern:
- neunzehntausendelf
- achttausendundachtzehn
- einhundertsechstausend!

b) Schreibe als Zahlwörter:
- Vorgänger von 50 000
- Hälfte von 72 400
- das Vierfache von 22 222

c) Welche Zahl bis 1 Million hat das längste (kürzeste) Zahlwort? Begründe!

erreichten Lernstand gemäß den Anforderungsbereichen der Bildungsstandards erfassen (**a**) entsprechen immer dem Anforderungsbereich I – Reproduzieren, **b)** stets dem Anforderungsbereich II – Zusammenhänge erkennen, **c)** dem Anforderungsbereich III – Verallgemeinern, Begründen)

→ AH S.18   → ÜH S.20

Das kann ich schon!

Runden

6 Runde auf

Welche Stelle ist wichtig?

a) Zehnerzahlen:

778	6 846
352	9 317
5 319	70 000
2 894	98 663

b) Tausenderzahlen:

4 839	9 999
6 499	3 016
46 799	93 570
70 320	19 912

c) Erkläre die Rundungsregeln beim Runden auf Zehnerzahlen, Hunderterzahlen und Tausenderzahlen! Gib immer ein Beispiel an!

Einheiten der Länge

7 **a)** Wandle um!

7 km = ☐ m
7 km = ☐ dm
7 km = ☐ cm

0,7 dm = ☐ cm
0,7 m = ☐ cm
0,7 km = ☐ m

Nenne Beispiele!

b) Nenne Beispiele für folgende Längen:

| 4,7 km | 4,7 m |
| 4,7 dm | 4,7 cm |

Gib die Längen in Millimetern an!

c) Wie lang wäre dein Weg, wenn du 1 000 000 Schritte machen würdest? Begründe!

Schaubilder und Diagramme

8 **a)** Wie viele Kinder gehen zum Schwimmen (Reiten, Judo …)?

Sportler der Klasse 4a
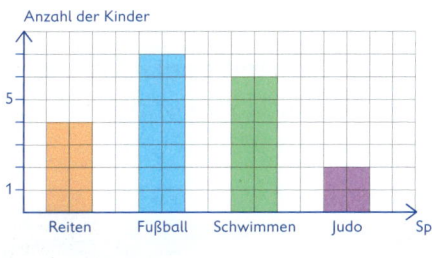

b) Stelle weitere Fragen zum Diagramm! Antworte!

c) Fertige zum gleichen Thema ein Diagramm mit Zahlen von deiner Klasse an! Vergleiche!

Begründe Unterschiede!

Sachaufgaben

9 **a)** Für Pinsel und Farben müssen Annas Eltern 49,90 € bezahlen. Sie geben einen 50-€-Schein. Wie viel bekommen sie zurück?

b) 12 Rollen Tapete kosten 72 €. Für Annas Zimmer werden 5 Rollen gebraucht. Frage, rechne, antworte!

c) Wie viele Rollen Tapete würdet ihr für euren Klassenraum benötigen? Begründe! Tipp: Auf einer Rolle sind 25 m.

erreichten Lernstand gemäß den Anforderungsbereichen der Bildungsstandards erfassen (**a**) entsprechen immer dem Anforderungsbereich I – Reproduzieren, **b)** stets dem Anforderungsbereich II – Zusammenhänge erkennen, **c)** dem Anforderungsbereich III – Verallgemeinern, Begründen)

Addieren und Subtrahieren bis 1 000 000

Was kann ich schon?

1 Rechne im Kopf! Achte auf nicht lösbare Aufgaben!

3	4	0	0	0	+				4
3	4	0	0	0	+			4	0
3	4	0	0	0	+		4	0	0
3	4	0	0	0	+	4	0	0	0
3	4	0	0	0	+	4	0	0	0	0
3	4	0	0	0	+	4	0	0	0	0	0

8	7	6	0	0	−				5
8	7	6	0	0	−			5	0
8	7	6	0	0	−		5	0	0
8	7	6	0	0	−	5	0	0	0
8	7	6	0	0	−	5	0	0	0	0
8	7	6	0	0	−	5	0	0	0	0	0

Ich nutze eine Stellenwerttafel!

4 Der erste Summand ist 37 816, der zweite Summand 550 230. Berechne die Summe!

5 Die Jungen des Blauwals wachsen sehr schnell. Bei der Geburt wiegt ein Blauwalbaby etwa 2 t. Täglich nimmt es rund 100 kg zu.
Nach ungefähr wie vielen Tagen hat sich das Gewicht eines Blauwaljungen verdoppelt?

8 Der 1. FFC Turbine Potsdam gehört zu den erfolgreichsten deutschen Vereinen im Frauenfußball. Zu den letzten drei Heimspielen kamen 2 500, 11 200 und 4 400 Zuschauer. Wie viele Zuschauer besuchten die drei Spiele insgesamt?

XL

erstes ganzheitliches Kennenlernen wichtiger Lernthemen zum Addieren und Subtrahieren bis 1 000 000, zum Rechnen mit Größenangaben und zum Lösen von Sachaufgaben,

Ausgangsniveau bzgl. der Lernthemen feststellen

2

3842+		<	4015
9999+		<	10012
5314-		>	5296
8709-		>	8690
6418 > 6350+			
3107 < 3219-			

3

26000+		=	26400
26000+		=	26040
91300-		=	91000
91300-		=	91003
	-365	=	6829
	-871	=	9198

6

In Trockengebieten Australiens leben etwa 7 cm kleine Frösche. Sie können in ihrem Körper bis zu 1000 ml Wasser speichern. Ungefähr wie viele Trinkbecher könnte man mit 1000 ml Wasser füllen?

7

Der Minuend ist 432 580, der Subtrahend 50 000. Berechne die Differenz!

9

Formel-1-Rennstrecken

Land	Länge der Strecke
Japan	5,807 m
Brasilien	4,309 km
Italien	5,793 km
China	5,451 km
Ungarn	4,381 km
Belgien	6,973 km

Vergleiche die Längenangaben! Berechne die Unterschiede!

XLI

erstes ganzheitliches Kennenlernen wichtiger Lernthemen zum Addieren und Subtrahieren bis 1 000 000, zum Rechnen mit Größenangaben und zum Lösen von Sachaufgaben,

Ausgangsniveau bzgl. der Lernthemen feststellen

→ AH S.18

1

$$5\,000 + 3\,000 = \underline{}$$
$$9\,700 - 800 = \underline{}$$
$$2\,300 + 5\,900 = \underline{}$$
$$8\,500 - 4\,800 = \underline{}$$

Haustiere

Hunde: ≈ 5 000
Katzen: ≈ 3 000

Nutzt die Tipps von Seite 18!

Im Jahr 2011 waren es 800 Besucher weniger.

Besucher im Heimatmuseum im Jahr 2010: 9 700

Die Kinder werten Zahlenangaben aus dem statistischen Jahrbuch ihrer Stadt aus.

a) Wie viele Hunde und Katzen gibt es in ihrer Stadt etwa insgesamt?

b) Wie viele Besucher waren es im Jahr 2011 im Heimatmuseum?

c) Wie rechnest du? Schreibe, male oder klebe deinen Rechenweg auf!

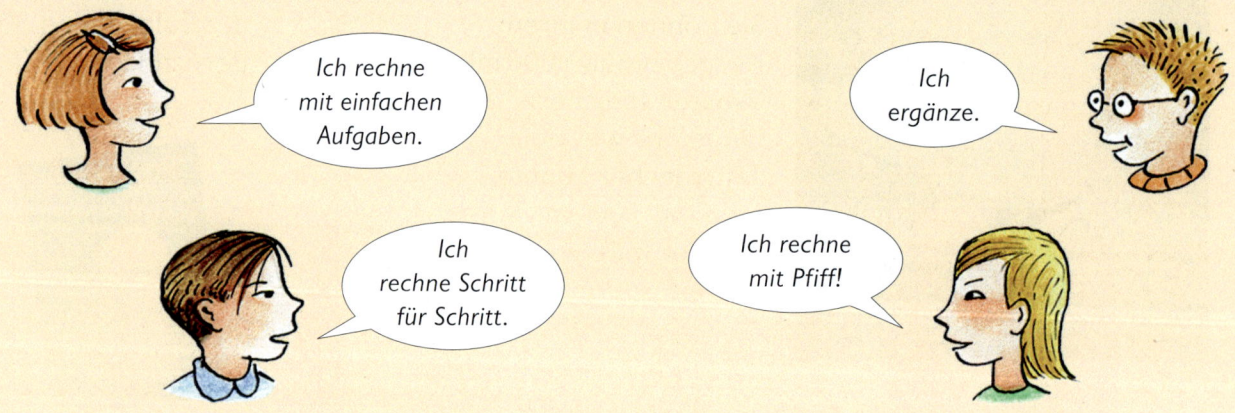

Ich rechne mit einfachen Aufgaben.

Ich ergänze.

Ich rechne Schritt für Schritt.

Ich rechne mit Pfiff!

2 Die Kinder der Klasse 4 b haben so gerechnet:

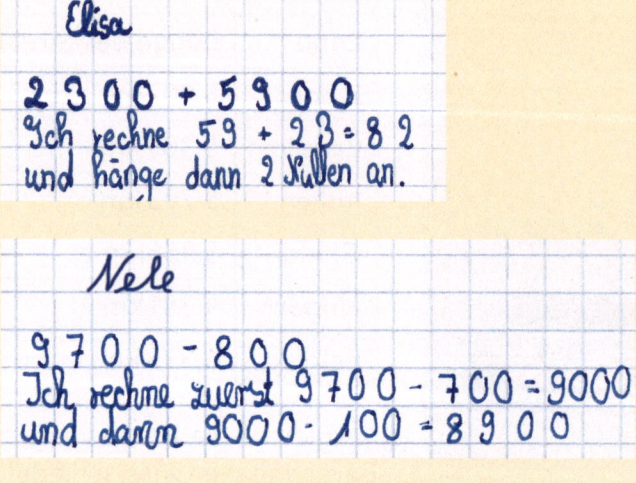

Elisa

$2\,300 + 5\,900$
Ich rechne $59 + 23 = 82$
und hänge dann 2 Nullen an.

Timo

$8\,500 - 4\,800$
Von $4\,800$ bis $5\,000$ sind es 200 und dann noch $3\,500$ bis $8\,500$.
Das sind zusammen $3\,700$.

Nele

$9\,700 - 800$
Ich rechne zuerst $9\,700 - 700 = 9\,000$
und dann $9\,000 - 100 = 8\,900$

Felix

Ich nehme gleiche Anzahlen von Nullen weg, rechne und hänge sie dann wieder an.

Sprecht über die verschiedenen Rechenwege!

1 verschiedene Rechenwege für die vorgegebenen Aufgaben unter Nutzung der Tipps für die Mathekonferenz entdecken, anwenden und beschreiben

2 verschiedene Rechenwege beschreiben, sie miteinander vergleichen und bewerten

→ **AH** S.19 → **ÜH** S.21

Probiere verschiedene Rechenwege!

1 Mit einfachen Aufgaben rechnen

Lena

3700 + 4800					
	37 +		48 =		85
3700 + 4800 = 8500					

6800 − 400					
	68 −		4 =		64
6800 − 400 = 6400					

a) 5 000 + 3 000   60 000 + 30 000

7 800 + 500   76 000 + 7 000

2 300 + 500   27 000 + 63 000

b) 9 700 − 800   50 000 − 20 000

8 000 − 4 000   43 000 − 8 000

8 500 − 4 800   94 000 − 32 000

L: 2 800, 3 700, 4 000, 8 000, 8 200, 8 300, 8 900, 30 000, 35 000, 62 000, 83 000, 90 000, 90 000

2 Schritt für Schritt rechnen

Finn

3700 + 4800					
3000 + 4000 = 7000					
700 + 800 = 1500					
7000 + 1500 = 8500					

6800 − 4200					
6800 − 4000 = 2800					
2800 − 200 = 2600					

a) 4 500 + 2 500   83 000 + 17 000

1 700 + 4 600   67 000 + 8 800

3 400 + 5 900   34 000 + 54 000

b) 7 500 − 3 300   65 000 − 23 000

6 300 − 4 500   90 000 − 34 000

9 900 − 7 900   82 000 − 47 000

L: 1800, 2 000, 4 200, 6 300, 7 000, 9 300, 35 000, 42 000, 56 000, 62 000, 75 800, 88 000, 100 000

3 Ergänzen

Tom

Minuend und Subtrahend liegen nah beieinander!

5400 − 4800				
4800 + 200 = 5000				
5000 + 400 = 5400				
200 + 400 = 600				

a) 8 300 − 7 500

10 000 − 8 900

6 400 − 5 700

b) 73 000 − 68 000

85 000 − 79 000

100 000 − 89 900

L: 610, 700, 800, 1100, 5 000, 6 000, 10 100

4 Mit Pfiff rechnen

Mia

Ich nutze noch andere Tricks!

1900 + 2900				
2000 + 3000 = 5000				
5000 − 200 = 4800				

a) 39 850 + 500

769 400 + 600

19 960 + 80

b) 303 900 − 4 000

292 200 − 800

30 350 − 500

L: 20 040, 29 850, 40 350, 69 955, 291 400, 299 900, 770 000

5 a) 95 000 + 700   b) 48 100 − 7   c) 360 000 + 50 000   d) 870 000 − 40 000

67 000 + 30   29 200 − 60   425 000 + 230 000   685 000 − 250 000

22 000 + 8   91 700 − 960   575 000 + 350 000   935 000 − 480 000

94 999 + 9   50 000 − 6   337 500 + 70   119 250 − 30

1–4 jeweils den vorgegebenen Rechenweg zunächst anhand der Beispielaufgabe beschreiben und ihn dann auf die weiteren Aufgaben anwenden

5 Aufgaben jeweils mit einem selbst gewählten Rechenweg lösen

XLIII

→ AH S.19   → ÜH S.21

Rechenmuster

1 a) + 500

2000   4000

2000 +   500
2000 + 1000
2000 + 2000
2000 + 3500

b) + 5000

20000   40000

20000 +   5000
20000 + 10000
20000 + 20000
20000 + 35000

c) + 50000

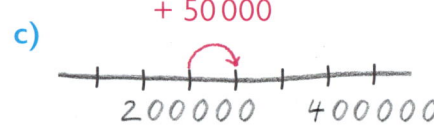

200000   400000

200000 +   50000
200000 + 100000
200000 + 200000
200000 + 350000

2 a) − 1500

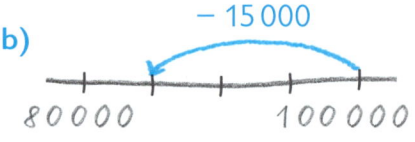

8000   10000

10000 − 1500
10000 − 3000
10000 − 4500
10000 − 6000

b) − 15000

80000   100000

100000 − 15000
100000 − 30000
100000 − 45000
100000 − 80000

c) − 150000

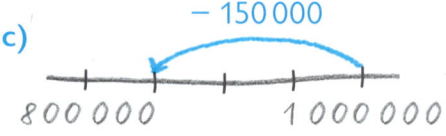

800000   1000000

1000000 − 150000
1000000 − 300000
1000000 − 450000
1000000 − 800000

3 Rechne! Setze immer so fort! Was stellst du fest?

a) 4600 + 1200
4600 + 2200
4600 + 3200
⋮

b) 6400 − 2300
6400 − 2400
6400 − 2500
⋮

c) 39000 + 27000
40000 + 26000
41000 + 25000
⋮

d) 685000 − 480000
690000 − 485000
695000 − 490000
⋮

e) Denke dir selbst solche Aufgaben aus und rechne!

4

1000		3000		5000		7000		9000	
12000		14000		16000		18000		20000
21000		23000		25000		27000		29000	
	32000		34000		36000		38000		40000
41000		43000		45000		47000		49000	
	52000		54000		56000		58000		60000
61000		63000		65000		67000		69000	
	72000		74000		76000		78000		80000
81000		83000		85000		87000		89000	
	92000		94000		96000		98000		100000

a) Schaut euch das Zahlenfeld genau an! Was könnt ihr entdecken?

b) Tom addiert:

12000 + ☐ = 14000
14000 + ☐ = 16000
16000 + ☐ = 18000
⋮

c) Anna subtrahiert:

96000 − ☐ = 76000
76000 − ☐ = 56000
56000 − ☐ = 36000
⋮

d) Addiert und subtrahiert mit den vorgegebenen Zahlen! Was entdeckt ihr?

XLIV

1–4 jeweilige Rechenmuster erkennen, beschreiben, passende Regeln bzw. Aufgaben zuordnen und diese lösen, dabei auch Rechenbeziehungen nutzen

44   → **AH** S.20   → **ÜH** S.22–23

Anlegen und Auswerten von Tabellen

1

Ich möchte fit sein!

Paul hat eine Fitnesstabelle erstellt:

Sportart	Dauer	Mein Energieverbrauch
Fußball spielen	30 min	1 Portion Pommes frites oder
		1 Scheibe Brot mit Salami oder
		4 Schokoriegel
Radfahren	60 min	1 Wurstbrötchen oder
		25 Kartoffelchips

a) Heute hat Paul eine Stunde Fußball gespielt. Welchem Energieverbrauch entspricht dies?

b) In dieser Woche ist Paul insgesamt fünf Stunden mit dem Rad gefahren. Welchem Energieverbrauch entspricht diese Leistung?

c) Wie lange müsste Paul Fußball spielen, um 20 Schokoladenriegel „abzubauen"?

d) Stellt zu Pauls Tabelle weitere Aufgaben und löst sie!

2

7- bis 9-jährige Kinder sollten höchstens 280 g Kuchen oder Schokolade in einer Woche essen.
10- bis 12-jährige Kinder dürfen dagegen bis zu 140 g Kuchen oder Schokolade mehr pro Woche naschen.

a) Wie viel Gramm Schokolade sollte ein 10-jähriges Kind maximal in einer Woche (an einem Tag) essen?

b) Lege zu den Angaben eine Tabelle an!

c) Bilde zu deiner Tabelle interessante Fragen und beantworte sie!

Tipps zum Anlegen von Tabellen

- Überlege zuerst Antworten zu folgenden Fragen:
  – Welche Daten willst du in die Tabelle eintragen?
  – Wie viele Zeilen und Spalten brauchst du?
  – Wie breit sollen die Spalten sein?
  – Was soll in der Kopfzeile (der obersten Zeile) stehen?
- Nutze zum Zeichnen ein Lineal und einen Bleistift!

3 Beim jährlichen Minimarathon der Berliner Schulen muss eine Strecke von 4,219 km gelaufen werden.

a) Wie viele Stadionrunden müsstest du etwa für diese Strecke laufen? Wie lange brauchst du etwa dafür? Lege eine Tabelle an!

b) Erkunde die Teilnehmerzahlen der letzten 5 Jahre im Internet. Lege dazu eine Tabelle an und werte sie aus!

c) Erkunde Marathonlaufzeiten! Stelle sie in einer Tabelle dar und werte sie aus!

XLV

---

1 Inhalte und Zusammenhänge der Tabelle beschreiben und darüber gemeinsam sprechen, zugehörige Aufgaben selbstständig lösen

2 Tabelle unter Nutzung der nebenstehenden Tipps anlegen, Angaben vergleichen, sinnvolle Aufgaben bilden und lösen

3 Aufgaben mit Hilfe passender Tabellen lösen

→ AH S.20   → ÜH S.22–23

Gleichungen und Ungleichungen

1

Wie löst du Gleichungen und Ungleichungen?

a) $40\,000 + \boxed{} = 90\,000$
$2\,600 + \boxed{} = 51\,000$
$3\,800 + \boxed{} = 75\,000$
$42\,100 + \boxed{} = 53\,400$

b) $70\,000 - \boxed{} = 30\,000$
$38\,000 - \boxed{} = 20\,000$
$47\,200 - \boxed{} = 31\,000$
$82\,500 - \boxed{} = 79\,000$

c) $\boxed{} - 3\,000 = 142\,000$
$\boxed{} + 5\,000 = 39\,000$
$\boxed{} - 8\,000 = 96\,000$
$\boxed{} + 7\,000 = 42\,000$

d) $73\,700 - \boxed{} = 32\,400$
$14\,200 - \boxed{} = 67\,700$
$6\,800 - \boxed{} = 43\,700$
$79\,300 - \boxed{} = 90\,000$

2 Gib für jede Aufgabe mehrere Lösungen an!

a) $38\,000 + \boxed{} > 40\,000$
$65\,200 + \boxed{} > 66\,000$
$41\,306 > \boxed{} + 41\,300$
$93\,741 > \boxed{} + 92\,410$

b) $84\,000 - \boxed{} < 79\,000$
$75\,400 - \boxed{} < 1\,000$
$24\,306 < \boxed{} - 16\,200$
$500 < \boxed{} - 36\,200$

c)
$\boxed{} + \boxed{} > \boxed{}$
$\boxed{} < \boxed{} + \boxed{}$
$\boxed{} - \boxed{} > \boxed{}$
$\boxed{} < \boxed{} - \boxed{}$

3 $<, >$ oder $=$?

a) $26\,000 + 47\,000 \bigcirc 12\,000 + 59\,000$
$63\,000 + 35\,000 \bigcirc 48\,000 + 51\,000$
$66\,200 + 16\,500 \bigcirc 16\,500 + 66\,200$

b) $92\,000 - 46\,000 \bigcirc 91\,000 - 45\,000$
$76\,000 - 59\,000 \bigcirc 44\,000 - 27\,000$
$52\,300 - 26\,400 \bigcirc 62\,300 - 26\,400$

c) $143\,000 + 258\,000 \bigcirc 865\,000 - 569\,000$
$728\,000 - 350\,000 \bigcirc 72\,800 + 35\,000$
$87\,550 + 34\,050 \bigcirc 34\,050 + 87\,550$

Rechne geschickt!

4 Wähle immer 2 Zahlen aus und bilde Gleichungen oder Ungleichungen! Rechne!

Beispiele: $188\,000 + \boxed{} = 788\,000$ $\qquad$ $502\,000 - \boxed{} > 301\,500$

a)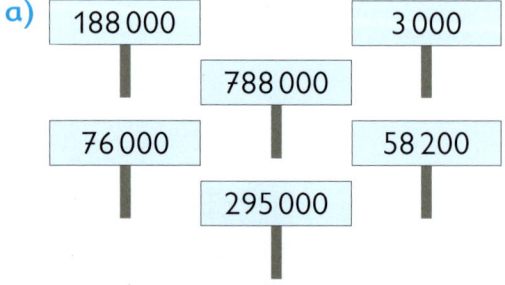

b)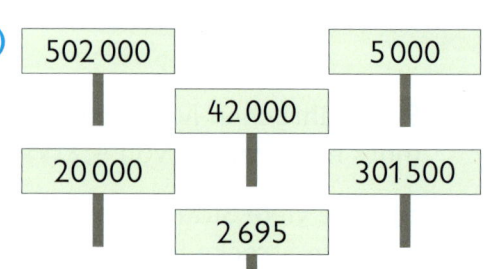

5 a) $4 \cdot 5 \qquad 8 \cdot 0 \qquad 28 : 4 \qquad 81 : 9$
$9 \cdot 3 \qquad 11 \cdot 2 \qquad 56 : 8 \qquad 3 : 0$

b) $2 \cdot 4 \cdot 7 \qquad 44 + 2 \cdot 6 \qquad 17 + 3 \cdot 5$
$3 \cdot 2 \cdot 6 \qquad 38 - 8 : 4 \qquad (17 + 3) \cdot 5$

XLVI

1/2 Gleichungen und Ungleichungen selbstständig lösen
3 Vergleiche auch unter Nutzung erkannter Zahl- und Rechenbeziehungen vornehmen

4 für Ungleichungen die jeweils kleinste und größte Lösungszahl angeben

46 $\qquad$ → **AH** S.21 $\qquad$ → **ÜH** S.22–23

Rechenrätsel

1 Ordne die folgenden mathematischen Begriffe!
Trage sie in dein Merkbuch ein!

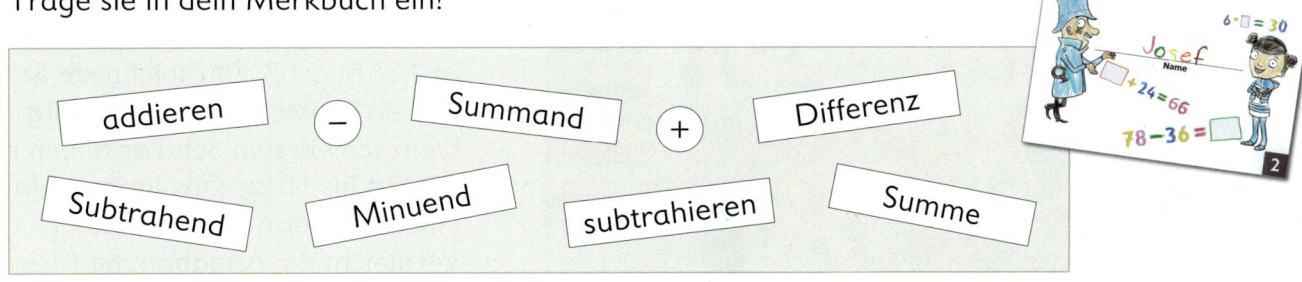

addieren – Summand + Differenz

Subtrahend Minuend subtrahieren Summe

----

2 a) Löse die Rechenrätsel!

Addiere zur kleinsten sechsstelligen Zahl das Doppelte dieser Zahl!

Subtrahiere von der kleinsten fünfstelligen Zahl die kleinste vierstellige Zahl!

Wenn ich von meiner Zahl 48 000 subtrahiere, erhalte ich 562 000. Wie groß ist der Minuend?

Verdopple 9 000 und addiere nun 25 000, dann erhältst du meine Zahl.

Berechne die Differenz der Zahlen 23 100 und 5 000!

Meine Zahl ist um 800 größer als 26 400.

Addiere zur größten vierstelligen Zahl die kleinste dreistellige Zahl!

b) Denke dir selbst Rechenrätsel aus!

----

3 Was sagst du dazu?

Eine Gleichung hat immer eine Lösungszahl!

Eine Ungleichung hat immer viele Lösungszahlen!

a) Überlege zuerst Antworten und schreibe sie auf!

b) Prüfe nun deine Antworten und ergänze die Tabelle im Heft!

	mit einer Lösungszahl	mit keiner Lösungszahl	mit vielen Lösungszahlen
Gleichungen			
Ungleichungen			

----

4 a) $\frac{1}{4}$ km = ☐ m   **b)** 20 m = ☐ km   **c)** 5 430 mm = ☐ m

43 km 50 m = ☐ m   3 km 3 m = ☐ km   4 200 cm = ☐ mm

35 km 50 m = ☐ km   120 340 m = ☐ km   34 560 cm = ☐ m

XLVII

1 Fachbegriffe zuordnen und an Beispielaufgaben erklären
2 Rechenrätsel selbstständig lösen, dabei Texte in passende Aufgaben übersetzen
3 Wahrheitswerte der Behauptungen begründen oder mit Gegenbeispielen widerlegen

→ AH S.21   → ÜH S.22–23

47

Einheiten der Masse / des Gewichtes

1

a) In unserer Klasse ist am Ende des Schuljahres die jüngste Schülerin 120 Monate alt. Der größte Schüler ist 1,56 m groß. Der leichteste Schüler hat ein Gewicht von 27 kg 500 g. Dem schwersten Schüler fehlen noch 3 000 g bis 50 kg. Das längste Haar einer Schülerin ist 0,75 m lang. Vergleicht die Angaben mit Messwerten eurer Klasse!

b) Schätze, wie viele Kinder insgesamt etwa 500 kg schwer sind!

2 a) Elisa hat eine Strichliste angefertigt. Erkläre die Strichliste und zeichne dazu ein Diagramm!

Gewicht	Anzahl der Kinder aus der Klasse 4 b
etwa 30 kg	ⅲⅲ Ⅱ
etwa 35 kg	ⅲⅲ
etwa 40 kg	ⅲⅲ ⅲⅲ Ⅱ
etwa 50 kg	Ⅰ

> 1000 kg = 1 t (Tonne)
> 1 t = 10 dt (Dezitonnen)

> *Wie viele Kilogramm sind eine Dezitonne?*

b) Berechne, wie schwer ungefähr alle Kinder der Klasse 4 b zusammen sind!

c) Stell dir vor, alle Kinder stehen auf einer Waage. Wie viele Kilogramm fehlen bis zu einer Tonne?

d) Wie viele Kinder sind etwa so schwer wie eine Dezitonne?

3 Messt das Gewicht jedes Kindes eurer Klasse! Schreibt dazu die Angaben in eine Tabelle! Findet dazu Aufgaben und löst sie!

Kind	Gewicht
Anna	41,5 kg
Ben	43,0 kg

4 Wo findest du Schilder mit diesen Angaben? Was bedeuten sie?

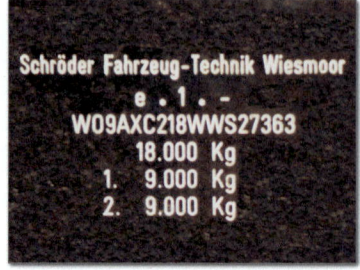

1 Text lesen, über die Größenangaben gemeinsam sprechen, zugehörige Aufgaben in Partnerarbeit oder gemeinsam lösen
2 im Zusammenhang mit den Angaben der Tabelle

Beziehungen zwischen Kilogramm und Tonne sowie Dezitonne erklären
3/4 Erkundungsaufgaben gemeinsam lösen

1

Fahrrad 10 kg	Bus 110 dt	Stuhl 6 kg
Fernseher 15 kg	Flugzeug 3 629 dt	Auto 1015 kg

a) Was ist etwa so schwer wie 100 Fahrräder?

b) Gib alle Größenangaben in Tonnen an!

c) Ordne alle Größenangaben!

d) Ergänze jede Größenangabe auf die nächste volle Tonne!

Die Stellenwerttafeln helfen dir.

1 kg	100 g	10 g	1 g	Komma-schreibweise
5	5	0	0	5,5 kg
5	0	5	0	5,05 kg
5	0	0	5	5,005 kg

1 t	100 kg	10 kg	1 kg	Komma-schreibweise
5	5	0	0	5,5 t
5	0	5	0	5,05 t
5	0	0	5	5,005 t

1 dt	10 kg	1 kg	Komma-schreibweise
5	5	0	5,5 dt
5	0	5	5,05 dt

2 Schreibe

a) mit Komma,

8 635 kg
3 512 kg
6 058 kg
4 204 kg
440 kg
9 006 kg

b) ohne Komma,

4,723 kg
6,002 kg
3,014 kg
10,4 kg
0,620 kg
0,02 kg

c) mit zwei Einheiten!

8,620 t
0,310 t
7,825 t
4,3 t
5,004 t
13,42 dt

3 Erkläre die Skizze!

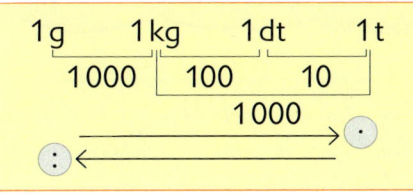

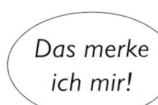

Das merke ich mir!

4 Wandle um

a) in Gramm,

2 kg
10,3 kg
0,9 kg
2 dt
$\frac{1}{2}$ kg

b) in Tonnen,

4 003 kg
700 kg
19 000 kg
250 dt
3 050 dt

c) in Kilogramm,

7 t   3,8 t
0,2 t   7,7 t
1,3 t   10 t
5 dt   0,1 dt
$\frac{1}{2}$ dt $\frac{1}{2}$ t

d) in Dezitonnen!

3 t   0,2 t
380 kg   750 t
2 300 kg   55 t
100 t   0,4 t
2,3 t $\frac{1}{2}$ t

XLIX

1 Angaben auf den Karten und in der Tabelle mit Hilfe von Beispielaufgaben erklären, zugehörige Aufgaben lösen

2 Aufgaben mit Hilfe der Tabelle von Aufgabe 1 lösen

3 Pfeilbild anhand von Beispielaufgaben erklären

4 Umwandlungsaufgaben mit Hilfe des Pfeilbildes von Aufgabe 3 lösen

→ AH S.22   → ÜH S.24–25

Vom Getreide zum Brot

1 Die Kinder der Klasse 4 b besuchten eine Getreidemühle. Sie haben dazu ein Plakat erstellt. Löse diese Aufgaben!

Getreidemühle

In der Getreidemühle werden an einem Tag 4 000 t Weizenmehl und 1 000 t Roggenmehl gemahlen. Wie viele Kilogramm Mehl werden insgesamt an einem Tag (in einer Woche) gemahlen?

Anne

In der Getreidemühle werden in einer Minute 72 Tüten Mehl abgepackt. Wie viele Tüten Mehl sind das in einer Stunde?

Tim

Wie viele Kilogramm Mehl passen in jeden Sack (in beide Säcke insgesamt)?

Max

0,05 t
0,025 t

Auf einen LKW mit Hänger passen 25 000 kg Mehl. Auf einen LKW allein passen 10 000 kg Mehl. In einen Tankwagen werden 80 t Mehl verladen. Frage, rechne und antworte!

Lea

2 Im Land Brandenburg wurde 1999 das bis dahin längste Brot von 1377 m Länge gebacken. Dazu wurden benötigt:

Zutaten	Weizenmehl	Roggenmehl	Wasser	Salz	Hefe
Gewicht	1090,5 kg	2 544,4 kg	2 761 l	72,3 kg	72,3 kg

Das waren 6 885 Brotlaibe.

Wie viele Tüten Weizenmehl und wie viele Tüten Roggenmehl müsste man für das Riesenbrot im Supermarkt kaufen?

Finn

Auf der Hefepackung in Mutters Kühlschrank steht geschrieben: „Nettogewicht 70 g". Wie viele solcher Packungen sind für das Riesenbrot notwendig?

Paul

Der Teig des Riesenbrotes war vor dem Backen etwa 6 500 kg und danach noch etwa 5 100 kg schwer. Berechne den Unterschied! Wie kann das sein?

Erika

Überprüfe, wie viel Gramm Salz in einer Packung enthalten ist! Wie viele solche Packungen müsstest du etwa für dieses Riesenbrot kaufen?

Anna

Wie viele 10 l-Eimer Wasser mussten die Bäcker in die Brotmischung gießen?

Bella

1/2 *Angaben zur Getreidemühle bzw. zum längsten Brot lesen, darüber sprechen, zugehörige Aufgaben lösen, Ergebnisse miteinander vergleichen und sie interpretieren*

50 → **AH** S.23 → **ÜH** S.24–25

Rauminhalte

1 Wie viel Wasser ist in jedem Messbecher?

1 l = ☐ ml   ½ l = ☐ ml   ¼ l = ☐ ml   ¾ l = ☐ ml

> 1 Liter = 1000 Milliliter
> 1 l   = 1000 ml

2

a) Erkunde zu Hause, welche Gefäße 300 ml, 200 ml, 100 ml, 150 ml, 75 ml, 50 ml und 10 ml fassen!

b) Berechne den gesamten Inhalt aller Gefäße, die du zusammengetragen hast!

c) Berechne, wie viele Milliliter noch bis zum nächsten vollen Liter fehlen!

d) Miss mit einem Messbecher die angegebenen Mengen auf deinen Gefäßen mit Wasser ab!

3 a) Was sagt ihr dazu?

	hat ein Gewicht von
1 l Wasser	1000 g
1 l Gold	19 000 g
1 l Luft	1 g
1 l Sand	1600 g
1 l Benzin	700 g

b) Messt, wie schwer
– 1 l Haferflocken,
– 1 l Erbsen,
– 1 l Mehl und
– 1 l Zucker sind!

c) Fertigt mit einem Glas einen eigenen Messbecher an! Erkundet weiter! Sprecht über eure Beobachtungen!

Wusstest du schon, dass ein Kind täglich 1,7 bis 2,2 Liter Flüssigkeit benötigt?

4 Antonia hat eine Woche lang jeden Tag ihre Getränkemenge gemessen und ein Diagramm gezeichnet.

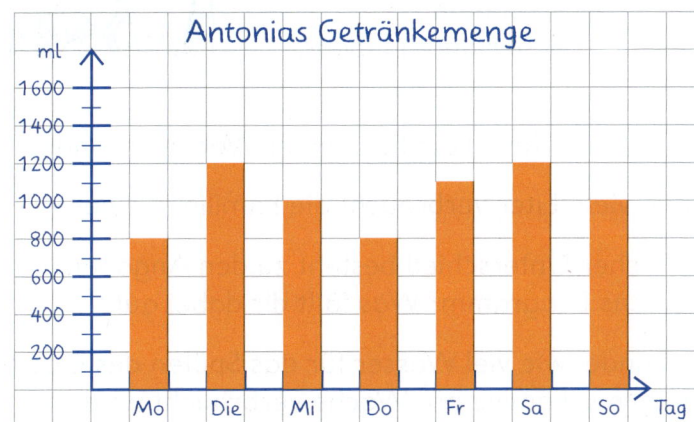

a) An welchen Tagen hat Antonia am meisten getrunken? Gib die Flüssigkeitsmenge in Liter an!

b) Berechne, wie viel sie in dieser Woche insgesamt getrunken hat!

c) Wandle die Gesamtmenge in Liter um!

d) Berechne Antonias ungefähre Trinkmenge für einen Monat! Wie viele Eimer Getränke wären das?

e) Zeichne ein Diagramm von deiner Trinkmenge!

---

1 Angaben mit Hilfe des rechten Merkkastens und ggf. eines Messbechers angeben

2–4 Erkundungsaufgaben allein oder in Partnerarbeit unter Nutzung verschiedener Sach- und Methodenkompetenzen selbstständig lösen, Ergebnisse gemeinsam auswerten

Unser kostbares Wasser

Jeder verschwendet täglich 40 bis 60 l Wasser.

1 Die Kinder der Klasse 4b haben den täglichen Wasserverbrauch für Deutschland und andere Länder erkundet:

Anna

Jahr	Verbrauch
1990	145 ℓ
2000	129 ℓ
2002	128 ℓ
2004	126 ℓ
2006	125 ℓ
2008	123 ℓ
2010	122 ℓ

Wasserverbrauch in Deutschland in Litern pro Einwohner und Tag

Ben:

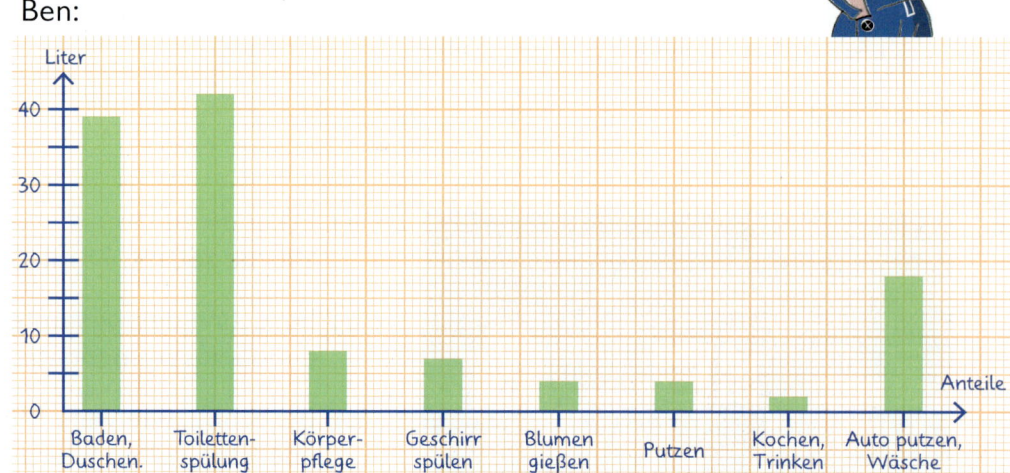

Ungefährer täglicher Wasserverbrauch in Deutschland pro Person

a) Sprecht darüber, warum Wasser so kostbar ist!

b) Vergleicht den Wasserverbrauch in Deutschland in den einzelnen Jahren! Was stellt ihr fest?

c) Wie viel Wasser wird nach Bens Angaben ungefähr in einer Woche verbraucht?

d) In welches Gefäß passt etwa diese Wassermenge?

e) Erkundet mit Hilfe eurer Wasseruhr zu Hause euren täglichen Wasserverbrauch für einen Tag (für eine Woche) und gestaltet mit diesen Ergebnissen eine Wandzeitung!

2 Erika hat den Wasserverbrauch in verschiedenen Regionen der Erde erkundet:

Verbrauch von Wasser pro Person und Tag	Afrika	USA	Niederlande	Dubai	Indien
Liter	20	295	130	500	25

a) Vergleicht die Angaben! Schreibt sie geordnet auf! Was sagt ihr dazu?

25 l sollte jeder Mensch am Tag haben.

b) Wie viele Personen aus Deutschland (aus Afrika) könnten von der Wassermenge in Dubai (der USA, der Niederlande) leben?

3 Jenny hat den Wasserverbrauch des Geschirrspülers ihrer Familie in einer Woche erkundet.

Montag und Dienstag:	11 ℓ
Mittwoch und Donnerstag:	11 ℓ
Freitag, Sonnabend und Sonntag:	33 ℓ

a) Wie viele Liter verbraucht die Familie in einer Woche?

b) Welcher Unterschied besteht zu den Angaben in Bens Diagramm? Was fällt dir dabei auf?

c) Erkunde, wie viel Wasser für das Spülen des Geschirrs in deiner Familie pro Woche verbraucht wird!

LII

1 über die Angaben in der Tabelle und im Diagramm gemeinsam sprechen, Aufgaben lösen und Ergebnisse gemeinsam diskutieren

2/3 gemeinsam über die Angaben sprechen, Aufgaben lösen und Ergebnisse diskutieren

52   → AH S.24   → ÜH S.26–27

Ritterspiele

Die Kinder aus Brunos Gruppe spielen gern mit den Rittern und der Ritterburg.
Sie haben hierzu schon viel gehört und gelesen. Sie wissen zum Beispiel, dass es die Ritter
vor etwa 500 Jahren gab.

1 Bruno hat sich für die Ritterspiele verschiedene Gegenstände ausgewählt:

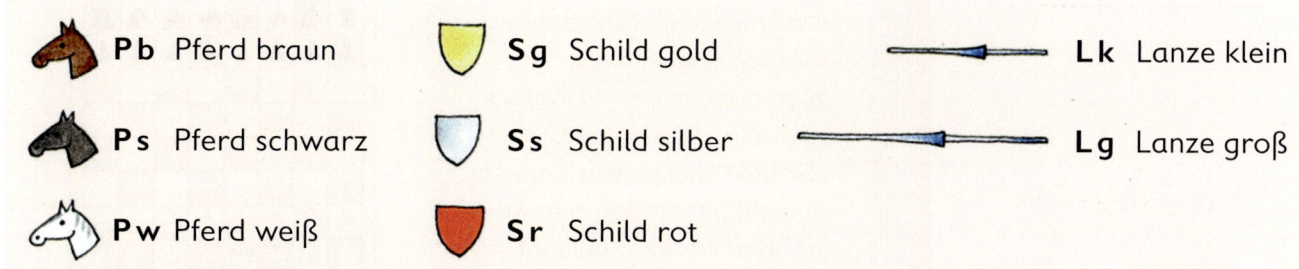

Pb Pferd braun   **Sg** Schild gold   **Lk** Lanze klein

Ps Pferd schwarz   **Ss** Schild silber   **Lg** Lanze groß

Pw Pferd weiß   **Sr** Schild rot

a) Welche und wie viele Möglichkeiten hat Bruno, seinen Ritter auzustatten?

b) Timo hat begonnen, dazu ein Baumdiagramm zu zeichnen.
Zeichne das Baumdiagramm vollständig in dein Heft!

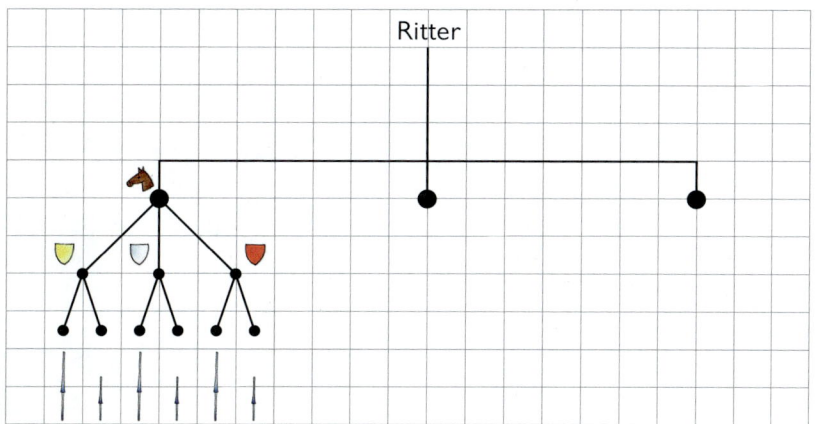

2 Bei einem Ritterturnier begrüßen sich die Ritter
Almigart, **B**aromir, **C**orimir, **D**agobert, **E**ginhart und **F**ridbert
mit ihren Lanzen.

a) Wie oft sind ihre Lanzenschläge zu hören, wenn jeder Ritter jeden mit der Lanze begrüßt?

b) Nach der Begrüßung reiten die Ritter zu zweit in den Burghof ein.
Dabei wird unterschieden, ob sie auf der rechten oder linken Seite einreiten.
Welche und wie viele Möglichkeiten für Paare gibt es?

1/2 *Texte lesen, darüber sprechen, ggf. Begriffe klären, Aufgaben durch Probieren, durch Anlegen von Tabellen oder
Baumdiagrammen lösen und Lösungen jeweils begründen*

→ **AH** S.25   → **ÜH** S.26–27

53

Eine Geschichte zum Schachspiel

1 Johannes fand in einem Knobelbuch die berühmte indische Schachaufgabe mit den Weizenkörnern. Diese Geschichte ist über Jahrtausende überliefert und soll sich etwa so zugetragen haben:

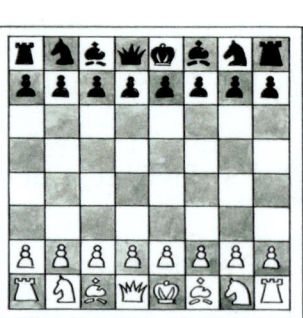

Ein indischer König ließ den Erfinder des Schachspiels königlich belohnen und forderte ihn auf, einen Wunsch zu äußern. Dieser sagte: „Großer König, mein Wunsch ist recht bescheiden. Ich will in Weizenkörnern belohnt sein. Mir mögen so viele Weizenkörner zukommen, als sich auf den Feldern des Schachbretts ergeben, wenn man auf das erste Feld ein Weizenkorn, auf das zweite Feld 2 Weizenkörner, auf das dritte Feld 4 Weizenkörner, auf das vierte Feld 8 Weizenkörner und so fort legt. Die Zahl der Körner soll also auf jedem Feld verdoppelt werden."

Vermute, wie hoch die Anzahl der Weizenkörner wohl gewesen sein könnte!

2 **a)** Versuche die Anzahl der Weizenkörner der 1. Schachbrettreihe zu berechnen! Schätze zuerst! Prüfe dann! Du kannst die folgende Tabelle nutzen.

Feld	1.	2.	3.	4.	5.	6.	7.	8.
Körnerzahl	1	2	4	8				
Körnerzahl insgesamt	1	3	7	15				

b) Rechne nun weiter! Wie weit schaffst du es, ohne schriftlich zu rechnen?

3 **a)** Erkläre die Schachfiguren und ihre jeweiligen Zugregeln!

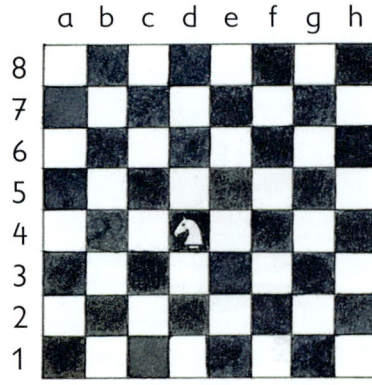

b) Ein Springer steht auf d 4. Finde alle möglichen Springerzüge!

Tipp: Der Springer bewegt sich zwei Felder entlang einer Linie oder Reihe und dann ein Feld nach links oder rechts.

LIV

1 *Text lesen, darüber gemeinsam sprechen und Körnerzahl vermuten*
2 *Tabelle im Heft ergänzen*

3 *Schachfiguren anhand originaler Figuren erklären, alle verschiedenen Möglichkeiten für einen Springerzug von der Position d4 aus ermitteln*

54

→ **AH** S.26–27   → **ÜH** S.28–29

Schriftliches Addieren

1 **a)** Ohne schriftlich zu rechnen, hat Johannes herausgefunden, dass auf dem 8. Feld des Schachbretts 128 Körner liegen. Insgesamt sind es also schon 255 Körner in der ersten Reihe des Schachbretts. Nun rechnet Johannes schriftlich weiter:

9. Feld	10. Feld	11. Feld	12. Feld
128	256	512	1024
+128	+256	+512	+1024

Erkläre, wie Johannes rechnet! Rechne ebenso!

b) Rechne aus, wie viele Körner auf dem 13., 14., 15. und 16. Feld liegen!

c) Johannes berechnet nun die Gesamtzahl der Körner bis zum 12. Feld. Erkläre, wie er rechnet!

```
    255
 +  256
 +  512
 + 1024
 + 2048
   4095
```

d) An welchen Stellen kann man vorteilhaft rechnen? Wo können Fehler auftreten?

2 **a)** Berechne die Anzahl aller Körner bis zum 16. Feld!

b) Schätze, auf welchem Feld die Millionengrenze überschritten wird! Prüfe durch Rechnen!

c) Johannes hat in seinem Buch auch die Summe aller Weizenkörner auf dem Schachbrett gefunden. Ob der König diese Menge an Korn aufbringen konnte?

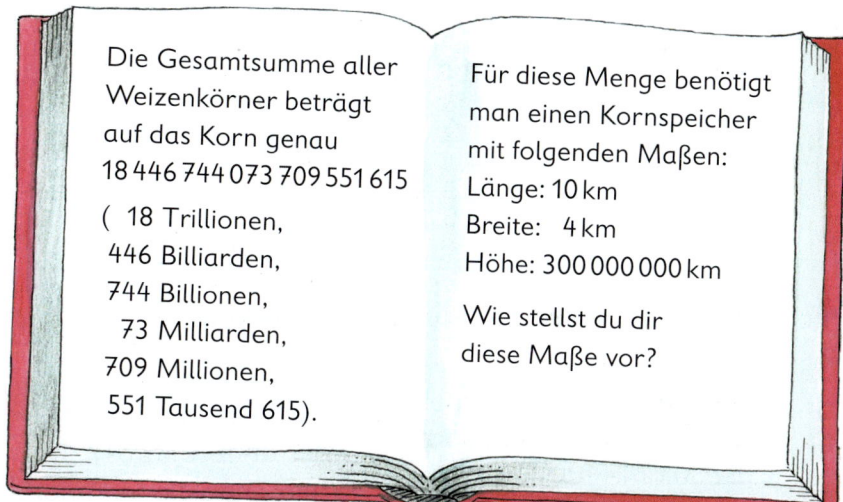

Die Gesamtsumme aller Weizenkörner beträgt auf das Korn genau 18 446 744 073 709 551 615

(18 Trillionen,
446 Billiarden,
744 Billionen,
73 Milliarden,
709 Millionen,
551 Tausend 615).

Für diese Menge benötigt man einen Kornspeicher mit folgenden Maßen:
Länge: 10 km
Breite: 4 km
Höhe: 300 000 000 km

Wie stellst du dir diese Maße vor?

3 Überschlage zuerst, dann rechne genau und vergleiche!

Beispiel:
```
Ü: 12000

   9726
 +2318
  12044

V: 12044 ≈ 12000
```

a)

36 159	441 369	76 084
+ 3 219	+209 379	+ 25 916

5 021	358	93 857
+79 388	+108 088	+426 059

b) 42 068 + 13 870

333 + 79 962

582 671 + 978

7 605 + 10 860

73 488 + 54 704

c) 12 375 + 39 019

982 + 12 707

5 673 + 327

699 + 47 420

60 891 + 39 109

---

1 anhand der Beispielaufgaben das Verfahren der schriftlichen Addition erklären und dann auf die weiteren Aufgaben anwenden

2 Anzahl der Körner bis zum 16. Feld mittels schriftlicher Addition lösen, gemeinsam über die Gesamtsumme sprechen

3 Aufgaben selbstständig lösen

LV

→ **AH** S. 26–27   → **ÜH** S. 28–29

Schriftliches Addieren

1 Lisa:

	5	7	4	2	9
+		6	3	8	5
	5	3	7	0	4

Emma:

	5	7	4	2	9
+		6	3	8	5
	6	3	8	1	4

Tom:

	5	7	4	2	9
+		6	3	8	5
1	2	1	2	7	9

Mit einem Überschlag wäre das nicht passiert.

Wer hat richtig gerechnet?
Welche Fehler haben die anderen Kinder gemacht?
Hat Lucie Recht? Warum?

2 Überschlage zuerst, dann rechne genau und vergleiche!
An welchen Stellen kannst du vorteilhaft rechnen?

a)
```
    768
+ 1 976
+   249
+ 2 681
```

b)
```
  134 042
+  72 186
+   9 884
+     176
```

c)
```
   56 812
+ 704 806
+   6 008
+  15 374
```

d)
```
       12
+     877
+   8 903
+  27 637
```

e)
```
  315 816
+   7 931
+  42 826
+ 117 816
```

L: 5 674, 37 429, 216 288, 484 389, 644 219, 783 000

3 Setze die fehlenden Ziffern ein!

	2	7		3
+			4	0
6	9	5	5	8

	5		6	
+		4	8	9
8	9	2	9	2

		3		5	4
+	7		2	6	
8	1	5	5	5	0

	5	2		9	1
+	1	0	8		9
	0	6	2	7	

4 Löse die Zahlenrätsel! Nutze dein Merkbuch!

Wenn du zu 72 395 eine Zahl addierst, erhältst du die Summe 100 000. Wie groß ist diese Zahl?

Ein Summand ist 808 der andere 62 817. Berechne die Summe!

Bilde aus den Ziffern von 1 bis 9 drei 3-stellige Zahlen so, dass beim Addieren von zwei Zahlen die dritte entsteht. Jede Ziffer von 1 bis 9 darf nur einmal auftreten.

Der erste Summand ist 7 426, der zweite ist doppelt so groß wie 5 012. Berechne die Summe!

Berechne die Summe der Zahlen 5 873, 73 856, 63 078, 98 und 501!

Die Differenz ist 538 400 und der Subtrahend ist 83 450. Wie groß ist der Minuend?

Addiere 43 812 und 6 752!

5 Rechne geschickt!

a)
4 · 5 · 4
3 · 5 · 2
8 · 4 · 5

b)
3 · 6 · 9
7 · 4 · 5
5 · 8 · 5

c)
8 · 0 · 8
6 · 6 · 0
0 · 9 · 9

d)
2 · 9 · 5
10 · 7 · 8
4 · 9 · 5

e)
4 · 6 · 5
8 · 3 · 5
5 · 11 · 2

LVI

1–3 jeweilige Aufgaben selbstständig lösen, dabei Selbstkontrollmöglichkeiten nutzen

4 Rechenrätsel selbstständig lösen, dabei Texte in passende Aufgaben übersetzen

Schriftliches Subtrahieren

1

Meine sportlichen Ziele in diesem Jahr

Ich fahre sehr gern mit meinem neuen Rad. Das Tachometer zeigt, dass ich schon 26 570 m gefahren bin. In diesem Jahr will ich noch auf 55 555 m kommen.

Ben

Ich bin Mitglied im Schwimmverein „Delfin". Mein Ziel für dieses Jahr: 2 500 Bahnen schwimmen. 1 385 Bahnen habe ich schon geschafft.

Annelie

Ich bin schon 815 Runden gelaufen. 1 500 Runden sind mein Ziel.

Tom

a) Wie viel wollen die Kinder in diesem Jahr noch leisten? Überschlage zuerst, dann rechne schriftlich!

Ben rechnet:

```
   5 5 5 5 5 m      Ü: 3 0 0 0 0 m
 - 2 6 5 7 0 m
                    V:
```

b) Ergänze eine Aufgabe zu deinen sportlichen Zielen!

 2

Denke an den Überschlag!

a)

```
   75 693          596 382
 - 23 571        -  72 131


   63 541           47 396
 - 63 620        -  30 205
```

b)

```
   62 346          200 000
 - 38 976        -  67 384


  391 023           52 036
 - 178 754       -  37 980
```

L: 14 056, 17 191, 23 370, 52 122, 67 212, 132 616, 212 269, 524 251, n. l.

---

3 Benjamin hat Fehler beim Rechnen gemacht. Finde und berichtige sie.

a)
```
   4 328
 - 2 937
   1 411
```

b)
```
   9 000
 - 4 357
   4 643
```

c)
```
   8 237
 -   649
   7 588
```

d)
```
   50 000
 -  6 444
   44 666
```

e)
```
   309 642
 - 272 088
    37 554
```

f)
```
   5 038
 - 7 049
   7 989
```

g)
```
   8 451
 - 6 368
   2 183
```

h)
```
   7 841
 -   653
     288
```

i)
```
   10 000
 -  3 333
    6 667
```

---

 4 Wandle in kg um!

a) 2 000 g   60 g

       780 g   6 060 g

b) 1,500 t   3,215 t

      0,700 t   0,032 t

LVII

---

1 Texte lesen, darüber gemeinsam sprechen, verschiedene Verfahren der schriftlichen Subtraktion an der vorgegebenen Beispielaufgabe erklären und dann beim Üben anwenden

2 Aufgaben mit selbst bestimmten Verfahren lösen
3 Fehler finden, berichtigen und über Fehlerursachen gemeinsam sprechen

→ **AH** S. 27   → **ÜH** S. 28–29

57

Schriftliches Subtrahieren

1 a) Wähle immer zwei Zahlen aus und subtrahiere!

b) Wie viele Aufgaben findest du?

268 071
591 876
98 713
31 198
200 000
5 122
59 187

2 Finde viele Zahlenpaare, deren Differenz zwischen

a) 80 000 und 100 000 und b) 100 000 und 120 000 liegt.

439 262 | 413 247 | 349 630 | 287 428 | 545 000

468 236 | 325 024 | 437 156 | 214 816 | 472 651

441 799 | 638 708 | 440 359 | 523 148 | 652 804

3 a) Löse die Aufgabenbriefe mit Rechenrätseln!

> Hallo Rätselfreunde!
> Ein Summand ist 6 581 und die Summe ist 23 247. Wie groß ist dann der andere Summand?
> Ole

> Liebe Fans,
> subtrahiert von 50 000 die Summe der Zahlen 18 040 und 31 960!
> Eure Anne

> An alle!!!
> Ich habe 2 Zahlen. Ihre Summe ist 55 555 und ihre Differenz ist 11 111. Wie heißen meine Zahlen?
> Viele Grüße
> Ben

b) Schreibe einen Aufgabenbrief mit einem Rechenrätsel!

4 Maria hat Pauls Rechnungen unlesbar gemacht. Finde die unlesbaren Ziffern wieder!

a)
- ✱✱4✱8 − 9 13✱ = 6✱51
- ✱2 06✱ − 18 ✱✱5 = 2✱347
- 8✱6✱3 − 17 581 = ✱5 ✱6✱
- ✱9 3✱2 − 25 ✱6✱ = 2✱515
- 95 ✱✱✱ − 1✱37✱ = ✱0 610

b)
- ✱✱✱ ✱✱✱ − 483 079 = 342 150
- 892 451 − ✱✱✱✱✱✱ = 470 624
- 97✱5✱✱ − ✱✱8 ✱24 = 261 173
- 4✱3 ✱7✱ − ✱9✱8✱5 = 226 416
- 4✱7 ✱63 − ✱21 5✱2 = 16✱44

5 Überschlage zuerst, dann rechne schriftlich und vergleiche!

a)	b)	c)	d)
86 · 9	39 · 7	408 · 3	367 · 2
27 · 8	66 · 6	136 · 5	219 · 4
79 · 2	54 · 3	580 · 2	199 · 5

1/2 Aufgaben selbstständig lösen, dabei selbst über die Nutzung des Verfahrens der schriftlichen Subtraktion entscheiden

3 Aufgabenbriefe lesen, Texte in passende Aufgaben übersetzen und diese lösen

→ AH S.27 → ÜH S.28–29

Gleichungen und Ungleichungen

1 Löst die Gleichungen und Ungleichungen! Sprecht über eure Lösungswege!

a)
$3\,659 + 247 = \boxed{}$

$8\,847 + \boxed{} = 8\,946$

$\boxed{} + 5\,267 = 5\,333$

$7\,836 - 442 = \boxed{}$

$9\,877 - \boxed{} = 9\,647$

$\boxed{} - 6\,381 = 7\,456$

b)
$4\,589 + \boxed{} < 4\,602$

$\boxed{} + 3\,997 < 4\,004$

$6\,666 > 6\,657 + \boxed{}$

$7\,008 - \boxed{} > 6\,998$

$52\,505 - \boxed{} > 52\,496$

$60\,000 < 60\,010 - \boxed{}$

2

> Das muss ich mir merken!

Für einen Platzhalter kann man auch einen Buchstaben schreiben.

$535 + \boxed{} = 576$	$328 + \boxed{} < 333$
$535 + b = 576$	$328 + e < 333$
$b = 41$	$e = 0, 1, 2, 3, 4$

a)
$2\,282 + 518 = a$

$4\,769 + b = 4\,831$

$c + 5\,267 = 5\,333$

b)
$8\,857 - 130 = x$

$6\,133 - y = 6\,034$

$z - 666 = 7\,055$

c)
$3\,826 + k = 9\,999$

$21\,347 - l = 12\,536$

$m - 394 = 8\,298$

3 a) Gib für jede Ungleichung die kleinste und die größte Lösungszahl an!

$3\,136 + f = 3\,240$

$15\,252 + g < 16\,352$

$4\,601 - h > 8\,689 + k$

$32\,791 - i > 19\,791$

$15\,243 > 8\,689 + k$

$7\,605 < 11\,212 - l$

b) Welche Vielfachen von 10 000 erfüllen die Ungleichungen?

$40\,000 + a < 90\,000$

$80\,000 - b < 16\,352$

$20\,000 > c - 30\,000$

$100\,000 - d > 20\,000$

$20\,000 + e < 70\,000$

$30\,000 + f > 50\,000$

4 Hier bedeuten jeweils gleiche Buchstaben auch gleiche Zahlen.

a)
$$\begin{array}{r} x + 829 = 3\,000 \\ 3\,159 - y = 3\,000 \\ \hline x + y = 2\,330 \end{array}$$

b)
$$\begin{array}{r} 7\,651 - a = 6\,999 \\ b + 3\,500 = 4\,150 \\ \hline a - b = 2 \end{array}$$

c)
$$\begin{array}{r} 42\,000 : c = 7\,000 \\ d \cdot 8 = 80\,000 \\ \hline c \cdot d = 60\,000 \end{array}$$

 e) Stelle auch solche Aufgaben zusammen!

5 Zeichne frei Hand

a) ein Dreieck mit einem rechten Winkel,

b) ein Parallelogramm, das kein Rechteck ist,

c) ein Viereck, das kein Rechteck ist,

d) ein Rechteck, das ein Quadrat ist!

---

1 Gleichungen und Ungleichungen selbstständig lösen und Lösungen jeweils begründen

2 Buchstaben als Zeichen für Platzhalter und dem-gemäße Form der Lösungsangabe kennen lernen

3/4 Gleichungen und Ungleichungen selbstständig lösen

LIX

→ ÜH S.30–31

Mathekonferenz: **Schriftliches Subtrahieren mit zwei Subtrahenden**

1 Für ein Fußballspiel stehen 45 675 Karten zur Verfügung. 14 000 Karten wurden für die Gastmannschaft bereitgehalten. Die Heimmannschaft hat 21 523 Dauerkarten verkauft.

a) Wie viele Karten können an den Stadionkassen noch verkauft werden?

Rechnung:

$$45675 - 14000 - 21523$$

b) Wie rechnest du? Schreibe, male oder klebe deinen Rechenweg auf!

2

Ich subtrahiere von oben nach unten.

Ich addiere zuerst und subtrahiere dann!

Nutzt die Tipps von Seite 18!

Die Kinder der Klasse 4 b rechneten so:

Ole:

```
Aufgabe:    4 5 6 7 5        Antwort: Es können noch 10152
          - 1 4 0 0 0                 Karten an den Stadionkassen
          - 2 1 5 2 3                 verkauft werden.
            1 0 1 5 2

Ich rechne so:  3 + 0 = 3 und 3 bis 5 sind 2.
                2 + 0 = 2 und 2 bis 7 sind 5.
                5 + 0 = 5 und 5 bis 6 sind 1.
                1 + 4 = 5 und 5 bis 5 sind 0.
                2 + 1 = 3 und 3 bis 4 sind 1.

So hab ich mein Ergebnis raus.
```

Für welche Aufgabe ist Bens Rechenweg nicht günstig?

Ben:

```
                          ich rechne
Aufgabe:    4 5 6 7 5     5 - 0 - 3 = 2
          - 1 4 0 0 0     7 - 0 - 2 = 5
          - 2 1 5 2 3     6 - 0 - 5 = 1
            1 0 1 5 2     5 - 4 - 1 = 0
                          4 - 1 - 2 = 1

Antwort: 10152 Karten können noch
         verkauft werden.
```

Tim:

```
    4 5 6 7 5      3 1 6 7 5
  - 1 4 0 0 0    - 2 1 5 2 3
    3 1 6 7 5      1 0 1 5 2
```

Anna:

```
    4 5 6 7 5
  - 1 4 0 0 0
    3 1 6 7 5
  - 2 1 5 2 3
    1 0 1 5 2
```

Lea:

```
Antwort:  Es waren noch 10152
          Karten.

Begründung:   1 4 0 0 0      4 5 6 7 5
            + 2 1 5 2 3    - 3 5 5 2 3
              3 5 5 2 3      1 0 1 5 2
```

a) Beschreibe die verschiedenen Rechenwege!

b) Welchen Weg findest du vorteilhaft?

LX

1 verschiedene Rechenstrategien für die vorgegebene Aufgabe unter Nutzung der Tipps für die Mathekonferenz entdecken, anwenden und beschreiben

2 die Lösungsideen der Buchkinder beschreiben, begründen und sie miteinander vergleichen

→ **AH** S.28   → **ÜH** S.30–31

Probiere verschiedene Rechenwege!

1 Erst addieren, dann subtrahieren

$$81096 - 43608 - 9556$$

a) Schritt für Schritt

	4	3	6	0	8
+		$_1$9	$_1$5	$_1$5	1
	5	3	1	6	4

	8	1	0	9	6
−	$_5$5	$_1$3	$_1$1	6	4
	2	7	9	3	2

b) In einer Aufgabe

	8	1	0	9	6
−	4	3	6	0	8
−		$_2$9	$_2$5	5	$_1$6
	2	7	9	3	2

6 + 8 = 14, 14 + 2 = 16
5 + 1 + 0 = 6, 6 + 3 = 9
5 + 6 = 11, 11 + 9 = 20
9 + 2 + 3 = 14, 14 + 7 = 21
2 + 4 = 6, 6 + 2 = 8

c) Überschlage! Rechne und vergleiche!

```
   8 624        7 509
 −   512      −   374
 −   488      −   623

  15 305       90 021
 −   374      − 36 777
 −   626      − 28 795

 517 222      614 825
 −  3 158     − 50 283
 −    999     −134 790
```

L: 5 305, 6 512, 7 624, 14 305, 24 449, 429 752, 513 065

2 Nur subtrahieren

$$81096 - 43608 - 9556$$

a) Schritt für Schritt

	8	1	0	9	6
−	4	$_1$3	6	0	$_1$8
	3	7	4	8	8

	3	7	4	8	8
−		$_1$9	5	5	6
	2	7	9	3	2

b) In einer Aufgabe

	8	1	0	9	6
−	4	3	6	0	8
−		$_2$9	$_2$5	5	$_1$6
	2	7	9	3	2

16 − 8 − 6 = 2
9 − 0 − 5 − 1 = 3
20 − 6 − 5 = 9
21 − 3 − 9 − 2 = 7
8 − 4 − 2 = 2

c) Überschlage! Rechne und vergleiche!

```
 847 619      921 077
 −  19 847    −485 088
 −358 716     −  6 374

 728 715       24 326
 −  79 624    −  1 465
 −344 391     −  8 535

  19 372       48 392
 −  9 372     −  9 532
 − 14 638     − 20 468
```

L: 14 326, 18 392, 303 700, 304 700, 429 615, 469 056, n. l.

3 Rechne mit deinem Rechenweg!

a) 744 − 221 − 301
 589 − 243 − 132
 4 215 − 1 473 − 984

b) 6 308 − 476 − 319
 8 473 − 840 − 236
 1 599 − 948 − 651

c) 54 186 − 14 354 − 15 221
 94 343 − 47 241 − 36 983
 39 000 − 13 332 − 18 765

L: 0, 214, 222, 1 758, 5 513, 6 903, 7 397, 7 891, 10 119, 24 611

4 Welche Figur wurde wo ausgeschnitten? Prüfe!

A  B 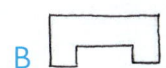 C

1 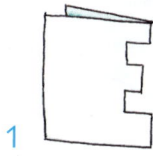 2  3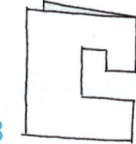

1/2 jeweils den vorgegebenen Rechenweg zunächst anhand der Beispielaufgabe beschreiben und ihn dann auf die weiteren Aufgaben anwenden

3 Aufgaben jeweils mit einem selbst gewählten Rechenweg lösen

LXI

→ **AH** S. 28 → **ÜH** S. 30–31

61

1 a) Derzeit sind weltweit etwa 10 400 Vogelarten bekannt. Davon gibt es in Mitteleuropa rund 300. Frage! Rechne! Antworte!

b) Es gibt 200 Spechtarten. Welche kennst du? Was ist eine „Specht-Schmiede"?

c) Im Herbst kann ein Eichelhäher täglich 150 bis 200 Eicheln einsammeln und an verschiedenen Orten verstecken. Wie viele Eicheln könnte er in einer Woche (in einem Monat) sammeln?

2 Brutzeit einiger Waldvögel

Vogel	Febr.	März	April	Mai	Juni	Juli
Buntspecht			X	X	X	
Waldkauz		X	X			
Eichelhäher			X	X		
Fichtenkreuzschnabel	X	X	X			
Zaunkönig			X	X	X	X
Waldohreule			X			

Was kannst du in der Tabelle ablesen? Stelle Fragen und antworte!

3 a) In Europa wachsen rund 1 600 Moosarten. Auf den anderen Erdteilen gibt es noch rund 23 400 weitere Moosarten. Wie viele Moosarten gibt es ungefähr auf der Erde?

b) Ein Moospolster kann 10-mal so viel Wasser speichern, wie es selbst wiegt. Bildet Aufgaben und löst sie!

Frauenhaarmoos

Brunnenlebermoos

Weißmoos

1–3 Texte lesen, darüber sowie über die Illustrationen und die Angaben in der Tabelle sprechen, dann interessante Fragen stellen, Aufgaben zuordnen und sie lösen, *ggf. Kinder Aufgaben auswählen lassen*

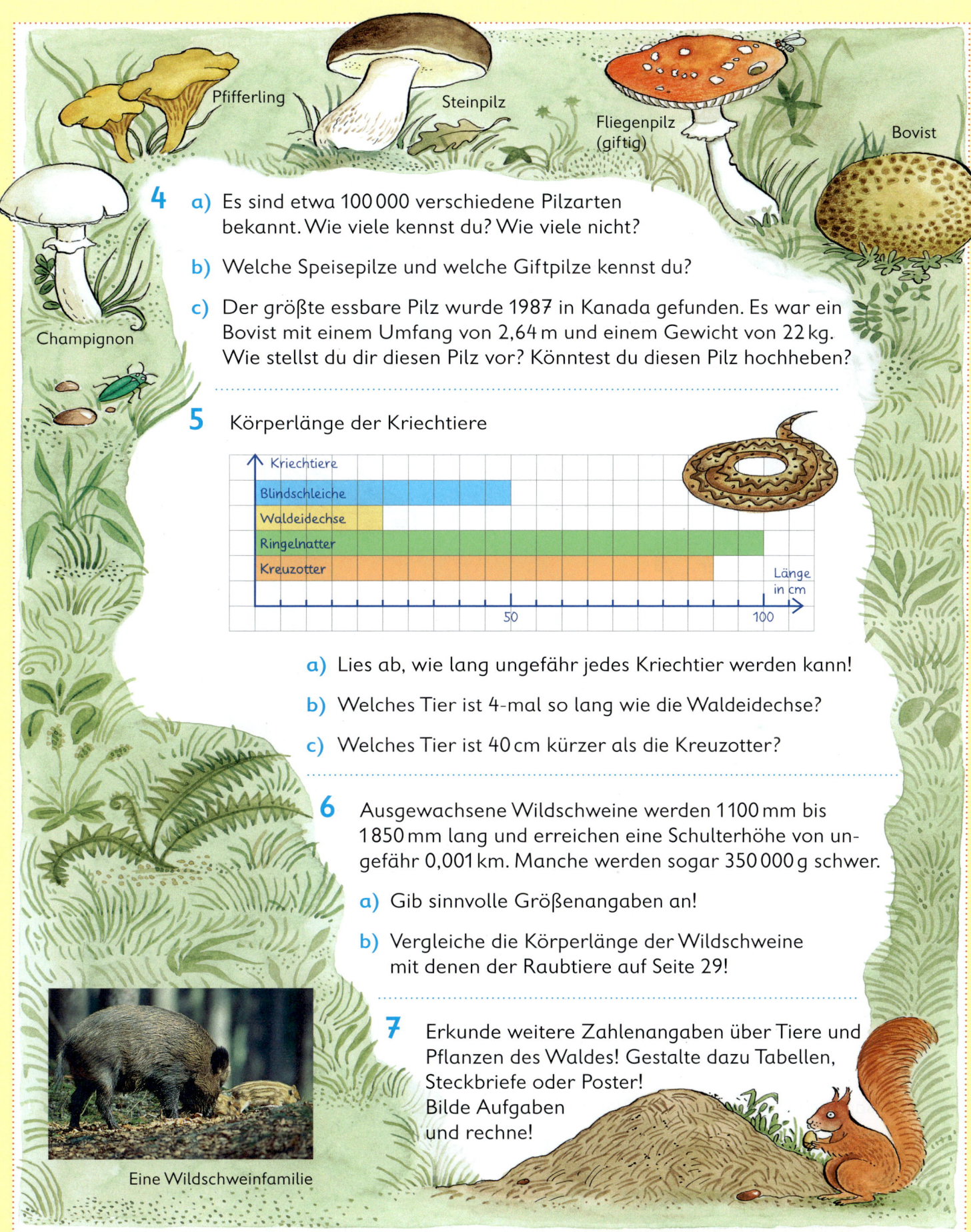

Pfifferling

Steinpilz

Fliegenpilz (giftig)

Bovist

Champignon

4 a) Es sind etwa 100 000 verschiedene Pilzarten bekannt. Wie viele kennst du? Wie viele nicht?

b) Welche Speisepilze und welche Giftpilze kennst du?

c) Der größte essbare Pilz wurde 1987 in Kanada gefunden. Es war ein Bovist mit einem Umfang von 2,64 m und einem Gewicht von 22 kg. Wie stellst du dir diesen Pilz vor? Könntest du diesen Pilz hochheben?

5 Körperlänge der Kriechtiere

Kriechtiere

Blindschleiche
Waldeidechse
Ringelnatter
Kreuzotter

Länge in cm

50   100

a) Lies ab, wie lang ungefähr jedes Kriechtier werden kann!

b) Welches Tier ist 4-mal so lang wie die Waldeidechse?

c) Welches Tier ist 40 cm kürzer als die Kreuzotter?

6 Ausgewachsene Wildschweine werden 1100 mm bis 1850 mm lang und erreichen eine Schulterhöhe von ungefähr 0,001 km. Manche werden sogar 350 000 g schwer.

a) Gib sinnvolle Größenangaben an!

b) Vergleiche die Körperlänge der Wildschweine mit denen der Raubtiere auf Seite 29!

7 Erkunde weitere Zahlenangaben über Tiere und Pflanzen des Waldes! Gestalte dazu Tabellen, Steckbriefe oder Poster! Bilde Aufgaben und rechne!

Eine Wildschweinfamilie

4–7 *Texte lesen, darüber sowie über die Illustrationen und das Diagramm sprechen, dann interessante Fragen stellen, Aufgaben zuordnen und sie lösen,*   *ggf. Kinder Aufgaben auswählen lassen*

→ **AH** S. 29   → **ÜH** S. 32

Körper

1 Die Kinder der Klasse 4 a haben Gegenstände und Fotos von Körpern gesammelt.

a) Erzähle, was du schon über Körper weißt! Ordne Namen zu!

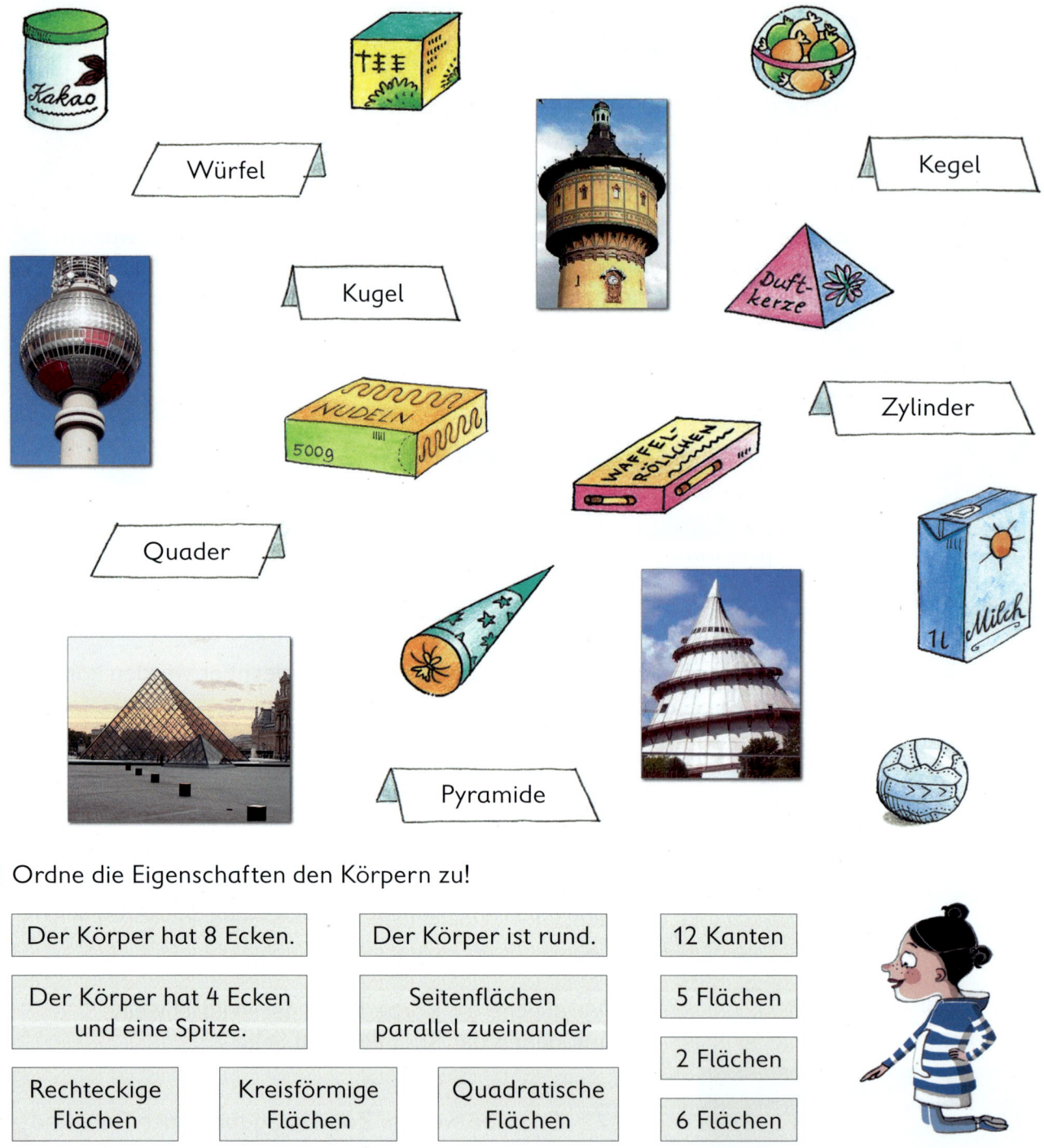

Würfel

Kegel

Kugel

Zylinder

Quader

Pyramide

b) Ordne die Eigenschaften den Körpern zu!

Der Körper hat 8 Ecken.	Der Körper ist rund.	12 Kanten
Der Körper hat 4 Ecken und eine Spitze.	Seitenflächen parallel zueinander	5 Flächen
		2 Flächen
Rechteckige Flächen	Kreisförmige Flächen	Quadratische Flächen
		6 Flächen

2 a) Sammelt Gegenstände und Verpackungen! Ordnet die Eigenschaften zu!

b) Begründet, warum jeder Würfel auch ein Quader ist!

c) Fertigt eine Tabelle zu Körpern und ihren Eigenschaften an! Nutzt die Tipps von Seite 45!

d) Beschreibt euch gegenseitig Körper anhand der Eigenschaften!

1/2 *abgebildete Körperformen benennen und beschreiben, Eigenschaften zuordnen und Beziehungen zwischen Körperformen herstellen ggf. mit Hilfe von Körpermodellen* *und des Merkbuches bzw. des Lexikons „Grundwissen Mathematik"*

1 Lisa und Tim haben Kantenmodelle zu Gegenständen von Seite 64 gebaut:

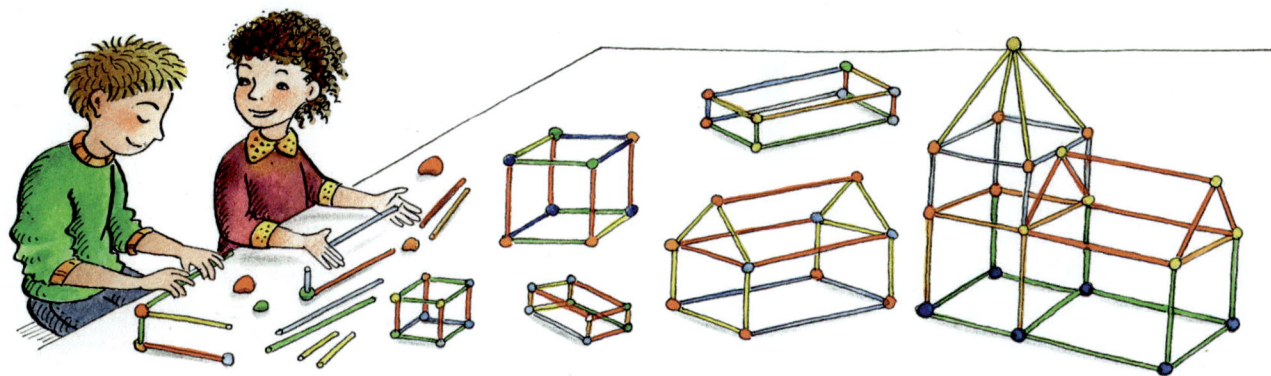

a) Ordne die Kantenmodelle den Gegenständen zu! Begründe!

b) Baue eigene Kantenmodelle zu Gegenständen von Seite 64!

c) Untersuche, wie viele Ecken, Kanten und Flächen jedes Modell hat!

2 Tom und Lena haben Kantenmodelle mit gleich langen Kanten gebaut:

 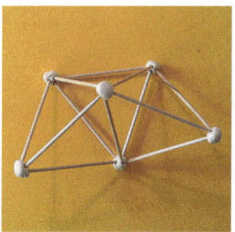  

Welche Figur lässt sich noch bauen?

a) Baue die Kantenmodelle nach!

b) Beschreibe die Form der Flächen!

c) Vergleiche die Anzahl der Ecken, Kanten und Flächen!

d) Wie viele verschiedene Körper kannst du aus 9 gleich langen Kanten bauen?

e) Du hast Kanten in 4 verschiedenen Längen. Baue damit verschiedene Quader!

3 Zu welchen Körpern können diese Flächen gehören? Begründe!

LXV

1–3 Aufgaben allein, zu zweit oder in Kleingruppen bearbeiten, dabei die jeweils angegebenen Materialien
verwenden, als Kontrollmöglichkeit Merkbücher

oder Lexikon „Grundwissen Mathematik" nutzen

→ AH S.30 → ÜH S.33

65

Ansichten

1

a) Beschreibt, wie die Kinder der Klasse 4a die Schatten von Körpern untersuchen!

b) Vergleicht die Schatten von Voll- und Kantenmodellen!

c) Untersucht, welche Form die Schatten der Körper haben können!

d) Skizziert, wie der Schatten des Kantenmodells eines Würfels aussehen kann! Überprüft!

e) Wie viele Kanten könnt ihr bei dem Vollmodell eines Würfels höchstens gleichzeitig sehen?

2 **a)** Welche Körpermodelle können diese Schatten werfen? Begründe und prüfe!

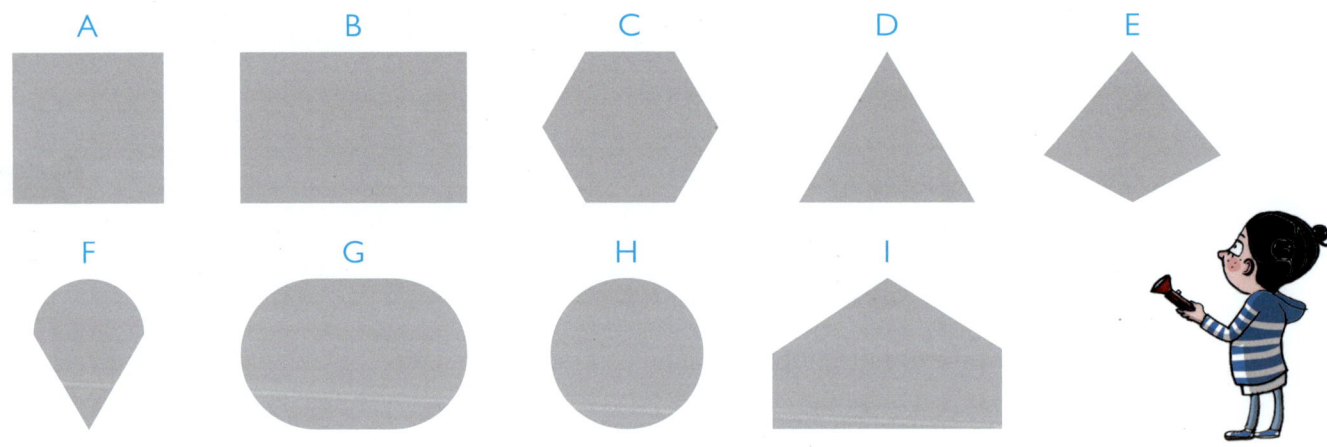

A B C D E

F G H I

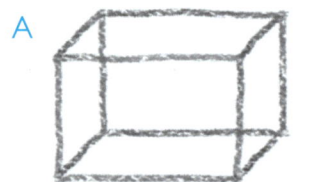   

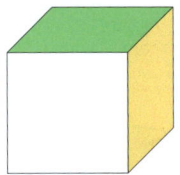 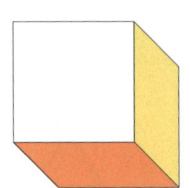 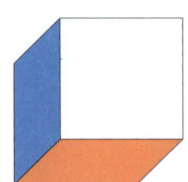 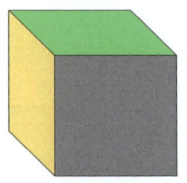 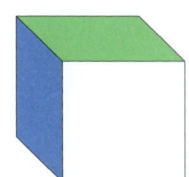

b) Welche Kantenmodelle von Körpern können diese Schatten werfen? Begründe und prüfe!

A B C D

3 Lina hat einen Würfel mit 6 verschiedenfarbigen Seiten. Vorn ist er weiß und oben ist er grün.

a) Von wo muss der Würfel jeweils betrachtet werden, um ihn so zu sehen?

b) Beschreibe, welche Farben sich gegenüberliegen!

c) Welche Farben des Würfels sind aus keiner Richtung gleichzeitig zu sehen?

LXVI

1 Aufgaben gemeinsam lösen

2 mehrere richtige Lösungen für einzelne Schattenbilder beachten, Lösungen ggf. experimentell mit verschiedenen Körpermodellen prüfen

66

→ **AH** S.31 → **ÜH** S.34–35

1

a) Stelle einen Spielwürfel genau so vor dich hin!
Wie viele Augen kannst du auf den 3 Seiten insgesamt sehen?

b) Wie musst du den Würfel kippen, damit 2, 4, 6 Augen oben liegen?

c) Stelle den Würfel so vor dich hin, dass insgesamt 6 (7, 8, 9, 10 …) Augen zu sehen sind!
Was stellst du fest?

d) Stelle einen Spielwürfel vor dich hin! Beschreibe, welche Augenzahlen wo zu sehen sind und in welche Richtung du den Würfel kippst! Dein Partner soll die sichtbaren Augenzahlen angeben.

---

2 Paul hat mit Spielwürfeln gebaut und Ansichten gezeichnet:

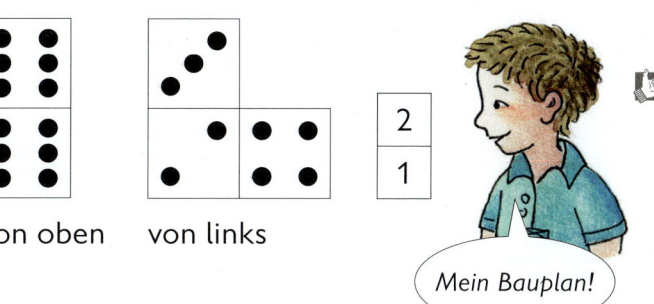

von oben   von links

Mein Bauplan!

a) Baue und zeichne die Ansicht von rechts!

b) Baue mit Spielwürfeln!
Es sollen von oben und von rechts insgesamt 14 Punkte zu sehen sein.
Zeichne die Baupläne und die Ansichten von vorn, von rechts und von oben!
Wie viele Würfel benötigst du mindestens, wie viele höchstens?

---

3 **a)** Baue nach diesen Bauplänen!

2	3	2
3	4	3
2	3	2

3	4	3
2	3	2
1	2	1

3	4	3
1	4	1
3	4	3

1	3	1
1	4	1
1	3	1

4	3	2
3	3	2
2	2	2

b) Zeichne die Ansichten von vorn, von rechts und von oben! Was stellst du fest? Begründe!

---

4 Lisa und Tim haben mit 3 gleich großen Quadern gebaut und Ansichten gezeichnet:

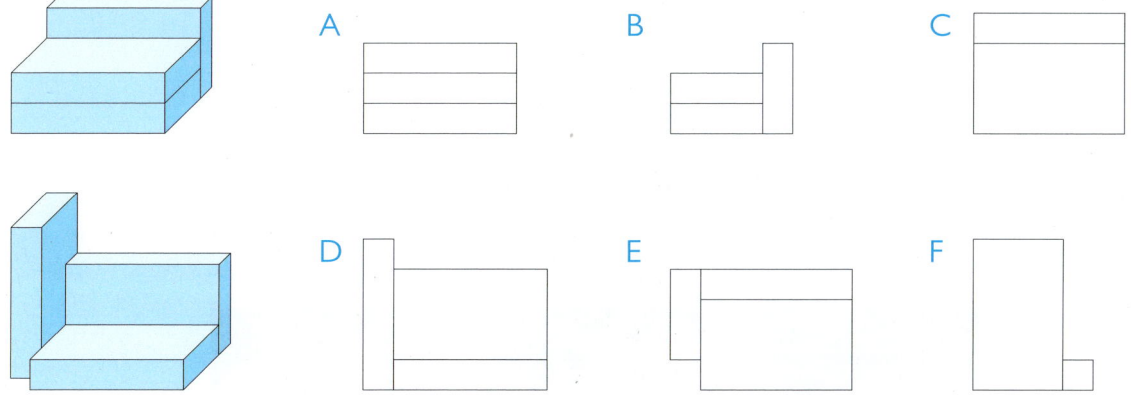

a) Von welchen Seiten haben Lisa und Tim die Gebäude gezeichnet? Prüfe durch Nachbauen!

b) Baue eigene Gebäude aus 3 gleich großen Quadern. Zeichne die Ansichten!

c) Wie viele verschiedene Quader kannst du aus 3 (4, 5, 6) gleich großen Quadern bauen?

1–3 jeweilige Lagebeschreibungen bzw. Abbildungen mit Spielwürfeln nachbauen, dann Aufgaben lösen und Ergebnisse jeweils begründen

4 Ansichten zunächst ohne Nachbauen zuordnen, dann durch Nachbauen begründen

→ AH S.31   → ÜH S.34–35

1

Wie könnt ihr Netze von diesen Körpern herstellen?

Nutzt die Tipps von Seite 18!

2 Die Kinder der Klasse 4a haben Körpernetze so hergestellt:

Ich habe die Grundfläche gezeichnet. Dann habe ich die Pyramide nach oben gedreht und abgezeichnet und immer so weiter nach rechts, nach vorn, nach links.

Pyramidennetz

Kegelnetz

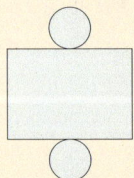

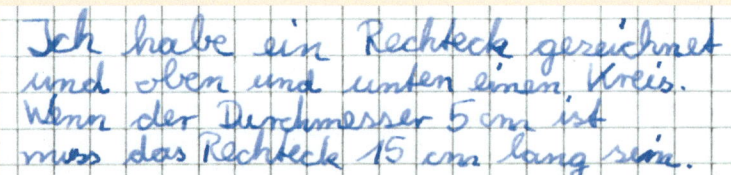

Ich habe ein Rechteck gezeichnet und oben und unten einen Kreis. Wenn der Durchmesser 5 cm ist muss das Rechteck 15 cm lang sein.

Zylindernetz

Quadernetz

Vergleicht mit euren Lösungen!

LXVIII

1 verschiedene Lösungswege für die vorgegebenen Aufgaben unter Nutzung der Tipps für die Mathekonferenz entdecken, anwenden und beschreiben

2 verschiedene Lösungswege beschreiben, sie miteinander vergleichen und bewerten

68

→ AH S.32–33 → ÜH S.34–35

1 Zeichne die Netze ab und vervollständige sie auf zwei verschiedene Weisen zu einem

a) Würfelnetz, **b)** Quadernetz, **c)** Pyramidennetz!

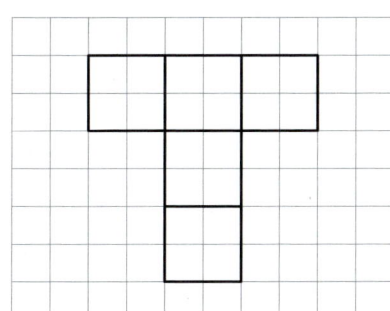
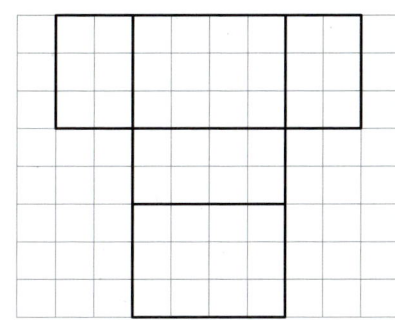
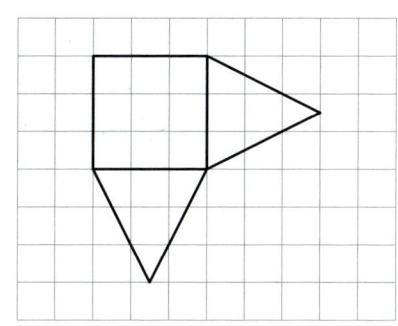

2 Paul hat Quader aus 24 Würfeln gebaut und Quadernetze gezeichnet.

a) Welche Netze gehören zu Pauls Quadern? Begründe!

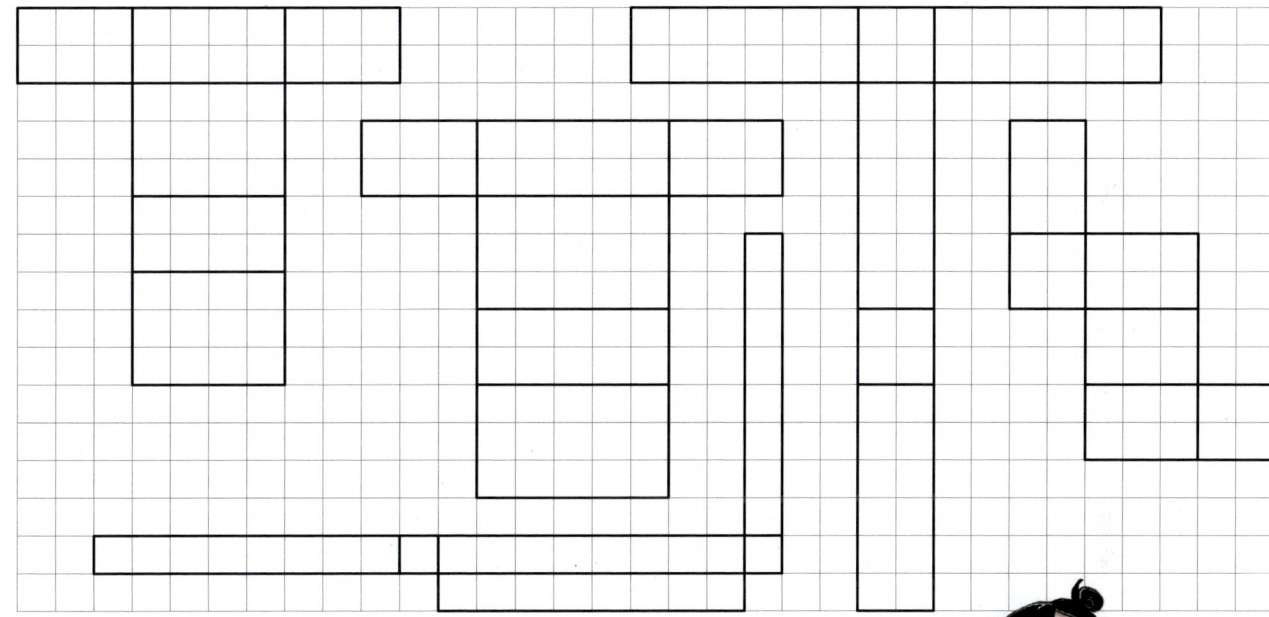

b) Baue Pauls Quader mit Steckwürfeln!

c) Vergleiche die Flächengröße der Quadernetze!

d) Baue andere Quader aus 24 Würfeln
und zeichne die Quadernetze!

e) Vergleiche die Flächengröße deiner Quadernetze!

f) Schneide deine Quadernetze aus!
Färbe Ecken, die beim Falten aufeinandertreffen,
in der gleichen Farbe!

3 Quadernetz-Memory:
Baut verschiedene Quader aus 36 Würfeln!
Zeichnet je 2 verschiedene Netze!
Klebt sie auf Karton und spielt Memory!

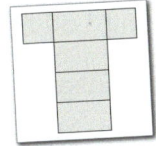
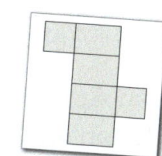

1 Zeichnungen in ein Heft mit Karoraster übertragen und
ergänzen

2 Lösungen zunächst aufgrund der Form von Seitenflächen
ermitteln und begründen, dann durch Nachbauen mit
Würfeln überprüfen

→ **AH** S.32–33   → **ÜH** S.34–35

Addieren und Subtrahieren mit Kommazahlen

1

Ein LKW hat auf dem Fruchthof 5,05 t Äpfel geladen.
Er hat ein Leergewicht von 8,80 t.
Sein Gesamtgewicht darf 18 t nicht überschreiten.

a) Wie schwer ist der LKW mit der Apfelladung?

b) Wie viele Tonnen Äpfel könnten höchstens
auf diesen LKW geladen werden?

2 Die Kinder der Klasse 4 b stellen ihre Rechenwege vor.
Beschreibe diese und vergleiche sie mit deinem Rechenweg!

```
Ü:  9 t + 5 t = 14 t

     8 8 0 0 kg
  +  5 0 5 0 kg
  1 3 8 5 0 kg = 13,850 t
```

Welcher Rechenweg gefällt dir am besten?

```
Ü:  9 t + 5 t = 14 t
    8 t + 5 t = 13 t
  8 0 0 kg + 5 0 kg = 8 5 0 kg
  1 3 t 8 5 0 kg = 13,850 t
```

```
Ü: 9 t + 5 t = 14 t

     8,80 t
  +  5,05 t
  1 3,85 t
```

```
Ü: 18 t - 9 t = 9 t

     18,00 t
  -   8,80 t
     9,20 t
```

```
Ü: 18 t - 8 t = 10 t

    1 0 0 0 0 kg
  -       8 0 0 kg
      9 2 0 0 kg

    9 2 0 0 kg = 9,2 t
```

3 Überschlage zuerst, rechne dann genau!

a) 34,90 € + 54,71 €

3,18 € + 19,80 €

0,99 € + 95,95 €

8,45 € − 6,79 €

15,60 € − 11,08 €

22,38 € − 5,22 €

b) 314,12 m − 37,58 m

64,04 m − 45,95 m

199,00 m − 59,99 m

23,300 l − 14,280 l

8,517 l − 3,050 l

12,690 l − 7,275 l

c) 28,250 l + 5,670 l

6,915 l + 0,480 l

10,800 l + 2,735 l

9 810 t − 99,990 t

5 900 t − 195,990 t

5 570 t − 299,950 t

L: 1,66 €; 4,25 €; 17,16 €; 22,98 €; 89,61 €; 96,94 €; 18,09 m; 139,01 m; 276,54 m;
5,415 l; 5,467 l; 7,395 l; 9,02 l; 13,535 l; 33,92 l; 5 270,05 t; 5 704,01 t; 5 869,95 t; 9 710,01 t

4 Auf den Anhänger des LKW könnten noch einmal 16,6 t Äpfel geladen werden.
Das Leergewicht des Anhängers beträgt 5,40 t.

a) Wie schwer ist der Anhänger mit Ladung?

b) Wie viele Tonnen Äpfel könnten insgesamt auf den LKW
mit Hänger geladen werden?

LXX

1/2 verschiedene Rechenwege für die sich aus dem Text
ergebenden Aufgaben anwenden, beschreiben
und sie miteinander vergleichen

3/4 Aufgaben selbstständig lösen, dabei auch selbst über
die Wahl des Rechenweges entscheiden

70 → AH S. 34–35 → ÜH S. 36–37

1 Wie viel Saft enthalten die Früchte?

Im Sommer und im Herbst reifen viele Früchte, deren Säfte gut schmecken und sehr gesund sind.

Erforscht, wie viele Milliliter Saft ihr aus

a) einer Zitrone, **b)** einer Apfelsine, **c)** einer Kiwi gewinnen könnt!

Schätzt zuerst, dann messt und schreibt eure Ergebnisse in eine Tabelle.

Viel Saft gibt Kraft!

Frucht	Gewicht		Saftmenge	
	geschätzt	gewogen	geschätzt	gemessen

Vergleicht eure Ergebnisse!
Erkundet, wofür einzelne Säfte besonders gut sein können!

---

2 Die Klasse 4 b bereitet ein Schulfest vor.

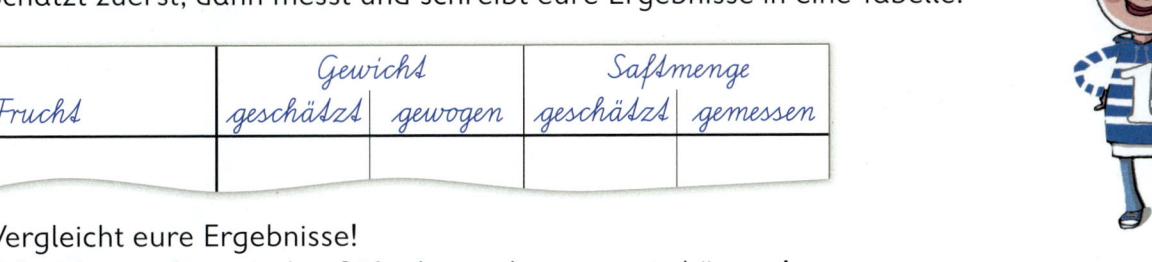

Das Gewicht von sehr kleinen Mengen wird oft in Milligramm (mg) angegeben.
1 g   = 1000 mg
1 mg = 0,001 g

a) Maria und Tim knoten aus zwölf 0,6 m langen Girlanden eine Girlandenkette. Wie lang wird die Kette werden?

b) Lea und Ben mixen einen Saftdrink aus 0,6 l Zitronensaft, 0,6 l Himbeersaft, 2,4 l Apfelsaft und 2,4 l Bitter Lemon. Wie viel Liter Saft erhalten sie?

c) Wie viel Milligramm Vitamin C (Eiweiß, …) enthalten 2,4 l Apfelsaft?

Apfelsaft   – naturtrüb –
Je 100 ml Saft enthalten
Vitamin C: 5 mg, Zucker: 10,5 g,
Eiweiß: 100 mg, Natrium: 3 mg

---

3 Prüfe, wie gut du schon mit Größenangaben rechnen kannst!

a)	b)	c)	d)
0,375 kg + 1,650 kg	2,485 l − 1,236 l	1,340 km − 0,750 km	0,67 l + 0,3 l
1,280 kg + 4,576 kg	1,890 l − 0,750 l	2,815 km − 1,365 km	4,192 kg − 2,5 kg
2,034 kg + 3,110 kg	7,325 l − 2,300 l	0,925 km − 0,400 km	1,8 kg + 0,75 kg
4,500 kg + 0,385 kg	9,481 l − 5,150 l	3,328 km − 2,185 km	2,5 l − 0,33 l
3,149 kg + 2,243 kg	6,500 l − 2,750 l	5,000 km − 3,500 km	3,15 l + 2,75 l

LXXI

1 Saftmengen zuerst schätzen, dann experimentell bestimmen und Ergebnisse miteinander vergleichen

2/3 Aufgaben selbstständig lösen, dabei auch selbst über die Wahl des Rechenweges entscheiden, Milligramm als Einheit für äußerst leichte Gegenstände einführen

→ **AH** S.34–35   → **ÜH** S.36–37

Auf Entdeckungsreise in Berlin

1 Auf den Fotos siehst du drei berühmte Gebäude in Berlin.

Schloss Charlottenburg

Reichstagsgebäude

a) Erkunde, in welchen Stadtteilen oder auf welchen Straßen diese Gebäude zu finden sind!

b) Die drei Gebäude sind nicht nur berühmt, sondern auch sehr groß. Das Berliner Zeughaus ist 90 m lang und 90 m breit. Welche Wegstrecke müsstest du zurücklegen, wenn du einmal um das Zeughaus gehen würdest?

c) Das Reichstagsgebäude ist noch 47 m länger und 4 m breiter als das Zeughaus. Berechne die Länge und die Breite des Reichstagsgebäudes!

Berliner Zeughaus

d) Eine Stadionrunde ist 400 m lang. Müsstest du mehr als eine Stadionrunde zurücklegen, wenn du einmal um das Reichstagsgebäude gehen würdest? Schätze zuerst, dann rechne genau!

e) Das Schloss Charlottenburg hat eine Länge von 505 m. Sein Wahrzeichen ist der fast 50 m hohe Kuppelturm. Berechne die Differenz zwischen der Länge des Reichstags und der Länge des Charlottenburger Schlosses!

2 a) Martin hat einen Steckbrief von der Siegessäule angefertigt und sich Aufgaben ausgedacht:

> – Wie groß ist der Höhenunterschied zwischen der Spitze und der Aussichtsplattform?
> – Wie viele Stunden ist die Siegessäule an jedem Tag geöffnet?
> – Wie viele Stunden sind das in einer Woche?

Löse Martins Aufgaben!

b) Bilde selbst weitere Aufgaben und löse sie!

Spitzname: Goldelse

Standort: Straße des 17. Juni

erbaut: 1864–1873

Höhe: 66,89 m

Aussichtsplattform: 50,66 m

Anzahl der Stufen: 285

Öffnungszeiten:

Mo.–Fr.: 9.30–18.30 Uhr
Sa./So.: 9.30–19.00 Uhr

3 Erkunde weitere wichtige und interessante Gebäude in Berlin! Finde dazu Aufgaben!

LXXII

1/2 Texte lesen, über sie und die Zahlenangaben auch unter fächerübergreifender Sicht gemeinsam sprechen, dann Aufgaben selbstständig lösen, dabei selbst über die Wahl von Lösungswegen entscheiden, anschließend gemeinsam darüber sprechen

72

→ AH S.35   → ÜH S.36–37

1 Vergleiche und berechne die Unterschiede!

Berlin 	
Einwohner:	etwa 3 460 725 (2010)
Höchster Punkt:	115 m Müggelberge und Teufelsberg
Nord-Süd-Ausdehnung: 38 km	
Ost-West-Ausdehnung: 45 km	

Brandenburg 	
Einwohner:	etwa 2 503 300 (2010)
Höchster Punkt:	202,5 m Heideberg bei Elsterwerda
Nord-Süd-Ausdehnung: 291 km	
Ost-West-Ausdehnung: 244 km	

2 **a)** In Berlin gibt es 979 Brücken. Das sind 569 mehr als in der für Brücken berühmten Stadt Venedig. Aber es sind 1 517 Brücken weniger als in Europas brückenreichster Stadt Hamburg. Wie viele Brücken hat Venedig? Wie viele Brücken gibt es in Hamburg?

b) Vergleiche die Maße besonders bekannter Berliner Brücken und berechne die Unterschiede!

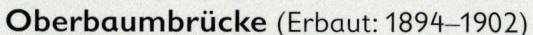

Oberbaumbrücke (Erbaut: 1894–1902)

Länge:	150 m
Breite:	28 m
Ort:	Friedrichshain-Kreuzberg

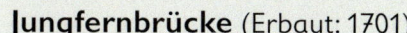

Jungfernbrücke (Erbaut: 1701)

Länge:	28 m
Breite:	4,5 m
Ort:	Mitte

c) Erkläre die Karte! Zeichne zu den Anzahlen der Brücken ein Diagramm!

Erkunde, warum nicht alle Wasserläufe abgebildet sind!

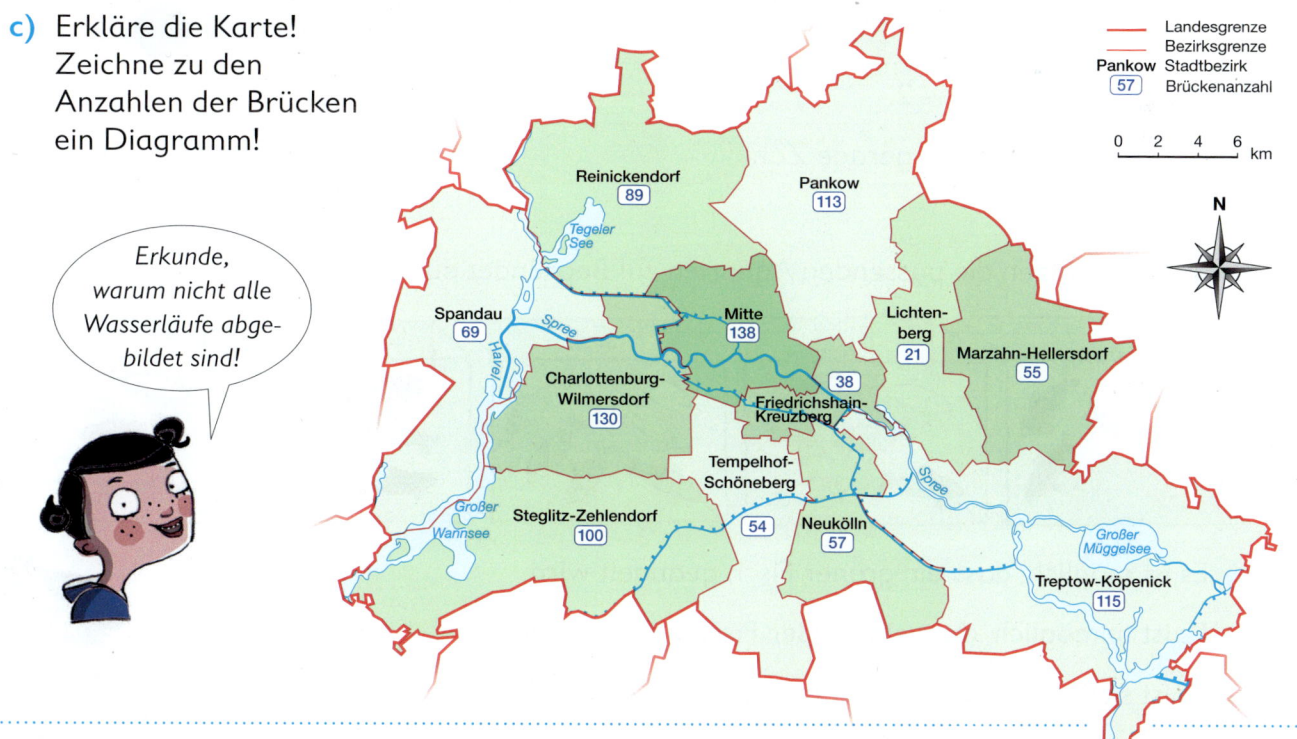

3 Im Jahr 2008 übernachteten in Berliner Hotels rund 7 910 000 Gäste. 2010 waren es sogar 20 000 000 Besucher. Frage, rechne und antworte!

1–3 Texte lesen, über sie und die Zahlenangaben auch unter fächerübergreifender Sicht gemeinsam sprechen, dann Aufgaben selbstständig lösen, dabei selbst über die Wahl von Lösungswegen entscheiden, anschließend gemeinsam darüber sprechen

LXXIII

→ **AH** S.35   → **ÜH** S.36–37

Was könnte stimmen?

1 a) Welches der Kinder nennt ein zufälliges Ereignis? Begründet eure Meinung!

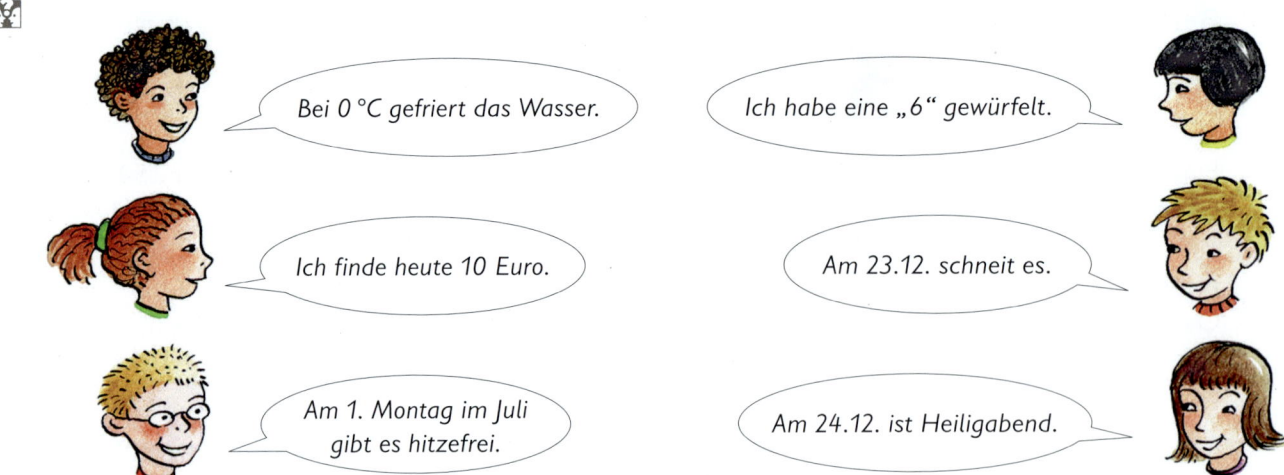

- Bei 0 °C gefriert das Wasser.
- Ich habe eine „6" gewürfelt.
- Ich finde heute 10 Euro.
- Am 23.12. schneit es.
- Am 1. Montag im Juli gibt es hitzefrei.
- Am 24.12. ist Heiligabend.

b) Schreibe je einen Satz für ein zufälliges Ereignis und ein nicht zufälliges Ereignis auf!

2 Welches Ereignis ist wahrscheinlicher? Sprecht darüber und begründet eure Meinung!

a)

| A Paul wirft beim Münzwurf „Wappen". |
| B Paul wirft beim Münzwurf „Wappen oder Zahl". |

b)

| A Beim Bowling fallen alle Kegel. |
| B Beim Bowling fallen mindestens zwei Kegel. |

c)

| A Erika würfelt eine 2. |
| B Erika würfelt eine gerade Zahl. |

3 Ordnet den Sätzen die passenden Aquarien zu! Begründet eure Wahl!

a) Es ist möglich, dass ein grüner Fisch geangelt wird.

b) Es ist unmöglich, dass ein weißer Fisch geangelt wird.

c) Es ist sicher, dass ein schwarzer oder ein weißer Fisch geangelt wird.

d) Es ist weniger wahrscheinlich, einen grünen als einen weißen Fisch zu angeln.

e) Es ist gleich wahrscheinlich, dass ein weißer oder ein grüner Fisch geangelt wird.

LXXIV

1 zwischen nicht zufälligen und zufälligen Ereignissen unterscheiden

2/3 jeweilige Ereignisse und die zugehörigen Zufallsexperimente analysieren und bewerten, ggf. Einschätzungen durch Experimente prüfen

74

→ **AH** S.36   → **ÜH** S.38–39

Addieren und Subtrahieren mit dem Taschenrechner

1 Eine Kinderbibliothek hat 103 Bilderbücher, 1472 Märchenbücher, 5823 Bücher mit Kindergeschichten, 3694 Tierbücher und 7691 andere Sachbücher. Frau Meier ermittelt die Summe der Bücher mit einem Taschenrechner. Prüfe, ob der Taschenrechner von Frau Meier das richtige Ergebnis anzeigt!

2 Erkläre!
Mit welcher Taste kannst du

a) multiplizieren,

b) ein Komma eintippen,

c) ein Rechenergebnis abrufen,

d) eine eingetippte Zahl wieder löschen?

3 Rechne mit dem Taschenrechner und prüfe jeweils mit einem Überschlag!

a)
$615 + 439$
$286 + 3514$
$8127 + 7102$
$27065 + 9428$

b)
$936 - 284$
$5019 - 877$
$63244 - 1702$
$84305 - 8679$

c)
$25821 + 671 + 32805$
$77664 - 953 - 16582$
$99099 - 1664 + 22375$
$46325 + 3897 - 36408$

4 a) „Von 89 auf 100"

Tippe 89 ein! Du darfst nur + 9 oder − 8 rechnen, aber so oft du willst. Versuche auf die Zahl 100 zu kommen!

b) „Von 50 auf 100"

Tippe 50 ein! Du darfst nur + 13 oder − 5 rechnen, aber so oft du willst. Versuche wiederum auf die Zahl 100 zu kommen!

Rechne mit Pfiff!

5 a) Du darfst nur die Tasten

 **2** , **7** , **+** und **=** drücken.

Welche Zahlen von 0 bis 20 kannst du als Ergebnis erhalten?

b) Du darfst nur die Tasten

 **3** , **+** , **−** , **×** , **÷** und **=** drücken.

Kannst du als Ergebnis die Zahl 30 erhalten?

6 Partnerspiel „Wer rechnet schneller?"

Ein Kind löst die Aufgaben mit dem Taschenrechner, ein anderes Kind rechnet im Kopf. Beide Kinder schreiben ihre Ergebnisse auf. Wer hat zuerst alle Aufgaben richtig gelöst?

a)
$8 + 24$
$17 + 50$
$63 - 21$
$81 - 9$

b)
$300 - 33$
$600 + 85$
$816 + 17$
$1040 - 40$

c)
$311 + 210$
$888 - 444$
$122 - 75$
$909 + 99$

7 Gib jeweils beide Uhrzeiten an!

Wie spät ist es jeweils nach 45 Minuten?

LXXV

1/2 *Grundkompetenzen im Umgang mit dem Taschenrechner prüfen und anwenden*
3 *Taschenrechner als Kontrollmöglichkeit nutzen*

4–6 *Taschenrechner zum Erkunden von Zahlbeziehungen und zum flexiblen Anwenden von Rechenkompetenzen nutzen*

→ AH S.36   → ÜH S.38–39

75

Rechengesetze beim Addieren und Subtrahieren

1 Immer 2 Aufgaben haben gleiche Summen! Finde sie und begründe, warum das so ist!

3 125 + 5 609	18 721 + 34 204
5 073 + 5 609	8 721 + 4 204
34 204 + 18 721	5 609 + 3 125
5 609 + 5 073	4 204 + 8 721

2 Ergänze jeweils 5 Aufgaben mit anderen Zahlen! Die Summen sollen gleich bleiben.

a) 28 000 + 43 000
29 000 + 42 000
30 000 + 41 000
31 000 + 40 000
…

b) 36 000 + 4 500
36 500 + 4 000
37 000 + 3 500
37 500 + 3 000
…

3 Ergänze jeweils 5 Aufgaben mit anderen Zahlen! Die Differenzen sollen gleich bleiben.

a) 57 000 – 18 000
56 000 – 17 000
55 000 – 16 000
54 000 – 15 000
…

b) 29 700 – 1 700
29 600 – 1 600
29 500 – 1 500
29 500 – 1 400
…

4 Rechne! Achte auf 0 und 1!

a) 17 235 + 0
68 206 – 0
9 999 + 1
8 200 – 1
0 – 0

b) 0 + 2 837
4 679 – 4 679
1 + 6 666
7 206 – 7 206
6 754 – 6 753

5 Nutze Rechengesetze und rechne geschickt!

a) 38 + 5 144
407 + 8 264
8 264 + 407
5 144 + 38

b) 4 920 + 7 780
5 920 + 6 780
6 920 + 7 780
6 930 + 7 770

c) 6 589 – 2 475
6 599 – 2 485
6 609 – 2 495
6 619 – 2 505

d) 9 206 – 9 206
9 206 – 9 206
7 342 – 0
4 570 – 0

Erkläre die Beispielaufgaben und ergänze die Regeln!

1.

4 + 3   3 + 4

Wenn man die Summanden vertauscht, dann …

2.

1 + 6
2 + 5
3 + 4

Die Summe bleibt gleich, wenn …

3.

7 – 3
6 – 2
5 – 1

Die Differenz bleibt gleich, wenn …

4.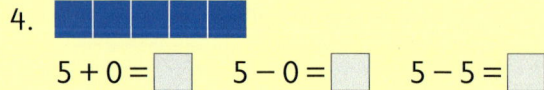

5 + 0 = ☐   5 – 0 = ☐   5 – 5 = ☐

- Addiert man 0 zu einer Zahl, dann …
- Subtrahiert man 0 von einer Zahl, dann …
- Die Differenz von 2 gleichen Zahlen ist …

LXXVI

1–4 *Rechengesetze und Zahlbeziehungen erkennen und diese beim Lösen der Aufgaben nutzen, mit Hilfe des Merkkastens Rechengesetze erklären*

5 *Rechengesetze geschickt beim Lösen der Aufgaben anwenden*

76   → **AH** S.37   → **ÜH** S.38–39

Aufgabenbriefe

1 Die Kinder aus Finns Klasse haben Aufgabenbriefe geschrieben.
Wähle Briefe aus und löse die Aufgaben!

An alle, die Rechenmuster mögen!
Rechnet! Was entdeckt ihr?

a)
$$
\begin{array}{r} 5\,555 \\ -\ \ 987 \\ -\ \ 123 \\ \hline \end{array}
\quad
\begin{array}{r} 6\,666 \\ -\ \ 876 \\ -\ \ 234 \\ \hline \end{array}
\quad
\begin{array}{r} 7\,777 \\ -\ \ 765 \\ -\ \ 345 \\ \hline \end{array}
\quad
\begin{array}{r} 8\,888 \\ -\ \blacksquare\,\square\square\square \\ \hline 7\,778 \end{array}
\quad
\begin{array}{r} 9\,999 \\ -\ \blacksquare\,\square\square\square \\ -\ \blacksquare\,\square\square\square \\ \hline \blacksquare\,\square\square\square \end{array}
$$

b)
$$
\begin{array}{r} 9\,000 \\ -\ \ 555 \\ -\ \ 555 \\ \hline \end{array}
\quad
\begin{array}{r} 8\,000 \\ -\ \ 444 \\ -\ \ 666 \\ \hline \end{array}
\quad
\begin{array}{r} 7\,000 \\ -\ \ 333 \\ -\ \blacksquare\,\square\square\square \\ \hline \end{array}
\quad
\begin{array}{r} 6\,000 \\ -\ \blacksquare\,\square\square\square \\ -\ \blacksquare\,\square\square\square \\ \hline 4\,890 \end{array}
\quad
\begin{array}{r} 5\,000 \\ -\ \blacksquare\,\square\square\square \\ -\ \blacksquare\,\square\square\square \\ \hline \blacksquare\,\square\square\square \end{array}
$$

Ich warte auf ein Rechenmuster von euch!
Euer Finn

An alle Kinder!

Ich denke mir eine Zahl. Wenn ich zuerst 12 445 zu meiner Zahl addiere und dann 30 420, erhalte ich 48 420.

Wie heißt meine Zahl?

Viel Spaß wünscht euch

Lea!

Für schnelle Kopfrechner!

$3 \cdot 17 \qquad 160 : 4$

$51 \cdot 4 \qquad 400 : 5$

$25 \cdot 6 \qquad 280 : 7$

$4 \cdot 5 + 6 \cdot 9$

$34 \cdot 2 - 64 : 8$ *Wie viel Zeit hast du benötigt?*

$48 : 8 - 24 : 6$

Tschüss, Eure Emma

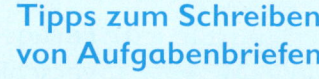

Leander Mena
Kiefernweg 13
14123 Berlin

Tipps zum Schreiben von Aufgabenbriefen

- Denke an die Anrede!
- Schreibe sehr sauber!
- Überlege gut, ob dein Briefpartner die Aufgabe lösen kann!
- Denke an den Briefschluss!
- Gestalte deinen Brief schön!

An alle Tabellenfans!

Vergleicht die Ergebnisse! Was stellt ihr fest?

Schickt mir auch einen Brief mit Tabellen!

Euer Toni

a	b	c	a + b	b + c	(a + b) + c	a + (b + c)
678	219	456				
345	347			1200		
	480		600	1000		
340	600					1500

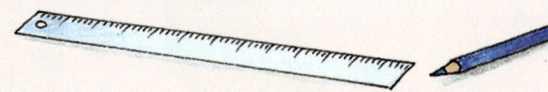

---

 2 Schreibt euch gegenseitig Aufgabenbriefe!

1 zuerst Idee der Aufgabenbriefe gemeinsam erläutern, dann konkrete Aufgabenbriefe lesen und Aufgaben lösen
2 individuell gestaltete Aufgabenbriefe für Mitschüler schreiben

→ ÜH S. 38–39

Üben von Station zu Station

Suche dir Stationen aus!

Station 1 Zahlen ergänzen

Ergänze folgende Zahlen immer zur nächsten Zehner-, Hunderter-, Tausender- und Zehntausenderzahl:

| 75 472 | 80 916 | 243 509 | |

Schreibe so:

75 472 + ☐ = 75 480 Zehnerzahl

75 472 + ☐ = 75 500 Hunderterzahl

75 472 + ☐ = ☐ …

75 472 + ☐ = ☐ …

Station 2 Summen und Differenzen

465 700
76 864
53 810
58 999
83 560

Wähle immer 2 Zahlen so aus, dass ihre Summe (Differenz)

a) zwischen 13 000 und 17 000,

b) zwischen 380 000 und 540 000 liegt!

Station 3 Diagramme

Jahresverbrauch von Gemüse in Deutschland

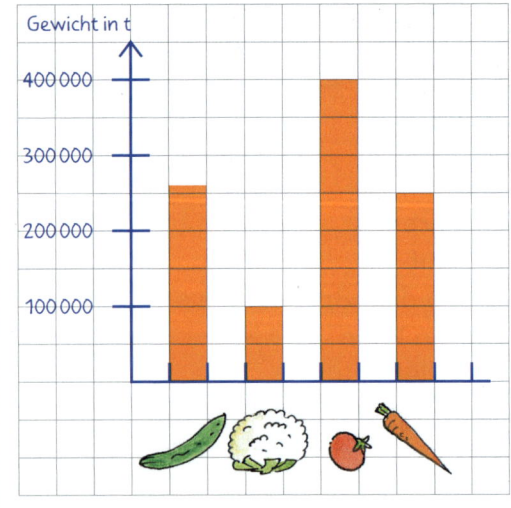

a) Was kannst du im Diagramm ablesen?

b) Wie stellst du dir diese Mengen vor?

c) Das Lieblingsgemüse der Deutschen sind Kartoffeln. Der Jahresverbrauch ist etwa 5-mal so hoch wie der von Gurken. Wie hoch wäre die Säule für Kartoffeln im Diagramm?

d) Fertige ein Diagramm zum Jahresverbrauch von verschiedenen Brotsorten in Deutschland an! Nutze die Tabelle!

e) Sprich über die Angaben! Was stellst du fest?

Brotsorte	Jahresverbrauch
Roggenmischbrot	431 000 t
Toastbrot	249 000 t
Vollkornbrot	169 700 t
Weißbrot	142 500 t

Station 4 Ansichten

Denke dir neue Aufgaben für eine Station aus!

a) Von welcher Seite sieht jedes Kind die Figur?

  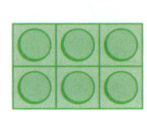 

Ben   Maria   Leon

b) Zeichne frei Hand die Ansichten von links und von hinten!

Aufgaben der Übungsstationen von Kindern selbst auswählen und lösen oder alle Übungsstationen von jedem Kind nacheinander bearbeiten lassen, eine weitere Übungsstation

mit selbst gewählten Aufgaben ergänzen

Aus der Knobelkiste

1 Rechne mit OTTO-Zahlen, MAMA-Zahlen und EDE-Zahlen!

a)
$$7\,337 - 3\,773$$
$$4\,224 - 2\,442$$
$$6\,556 - 5\,665$$

b)
$$9\,393 - 3\,939$$
$$2\,121 - 1\,212$$
$$4\,343 - 3\,434$$

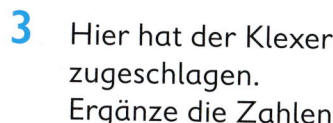
Wer ist wer?

c)
$$747 - 474$$
$$323 - 232$$
$$878 - 787$$

d) Finde weitere Paare für OTTO-Zahlen, MAMA-Zahlen und EDE-Zahlen! Berechne die Differenz jedes Zahlenpaares! Was fällt dir auf?

2 Entdecke Palindrome!

Zahlen, die vorwärts und rückwärts gelesen die gleiche Zahl ergeben, heißen Palindrome. Wähle eine beliebige mehrstellige Zahl! Addiere dazu ihre Spiegelzahl! Prüfe, ob die Summe ein Palindrom ist!
Bilde viele solcher Palindrome!

424

$$312 + 213 \qquad 168 + 861$$

3 Hier hat der Klexer zugeschlagen. Ergänze die Zahlen!

a)
$$47\blacksquare3\blacksquare + 1\blacksquare025$$
$$\blacksquare1\,3\blacksquare7$$

$$8\blacksquare\blacksquare26 + 54\blacksquare\blacksquare$$
$$\blacksquare9\,832$$

b)
$$\blacksquare3\blacksquare4\blacksquare + 2\blacksquare567$$
$$98\,7\blacksquare6$$

$$729\blacksquare2 + 36\blacksquare15$$
$$1\blacksquare\blacksquare08\blacksquare$$

c)
$$84\,73\blacksquare - 3\blacksquare\blacksquare\blacksquare1$$
$$\blacksquare0\,251$$

$$5\blacksquare\blacksquare32 - 104\blacksquare\blacksquare$$
$$\blacksquare5\,340$$

d)
$$7\blacksquare9\blacksquare5 - 51\blacksquare3\blacksquare$$
$$\blacksquare4\,836$$

$$23\blacksquare\blacksquare\blacksquare - \blacksquare8475$$
$$\blacksquare415$$

e)
$$426\blacksquare \cdot 3$$
$$\blacksquare\blacksquare\blacksquare9$$

$$\blacksquare150 \cdot 5$$
$$10\,\blacksquare\blacksquare\blacksquare$$

4 Welche Figuren kann man in einem Zug zeichnen?

a)   b)  c)

d)  e)  f)

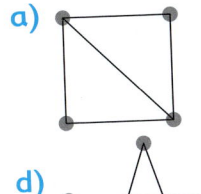

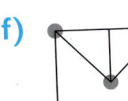

1–4 Knobelaufgaben durch Probieren, Nutzen von Zahlbeziehungen, durch Legen, mit Hilfe von Tabellen u. Ä. lösen

→ AH S.38 → ÜH S.38–39

Das kann ich schon! Addieren und Subtrahieren

Addieren

Summand plus …

1

a) Rechne mündlich!

$6\,700 + 800$

$57\,000 + 25\,000$

$465\,000 + 270\,000$

$327\,500 + 30\,000$

$649\,400 + 600$

b) Rechne! Setze fort!

$36\,570 + 100$

$36\,550 + 200$

$36\,530 + 300$

⋮

Was stellst du fest?

c) Mit welchen Summanden kannst du die Summe $1\,000\,000$ erhalten? Bilde Rechenmuster und begründe!

2

a) Überschlage zuerst! Rechne schriftlich!

$39\,217 + 42\,199$

$168\,399 + 9\,771$

$542\,809 + 260\,951$

$419\,671 + 80\,369$

$$28\,401$$
$$+\,17\,359$$
$$+\,36\,266$$

b) Rechne! Setze fort!

$$2\,112$$
$$+\,1\,221$$

$$3\,113$$
$$+\,1\,331$$

$$4\,\blacksquare\blacksquare 4$$
$$+\,1\,\blacksquare\blacksquare 1 \quad …$$

Was stellst du fest? Denke dir auch solche Aufgaben aus und rechne!

c) Ergänze jeweils 5 Aufgaben mit der gleichen Summe!

$44\,000 + 27\,000$

$6\,250 + 750$

Formuliere eine passende Regel!
Die Summe bleibt gleich, wenn …

Subtrahieren

Minuend minus …

3

a) Rechne mündlich!

$6\,000 - 37$

$73\,000 - 6\,400$

$41\,600 - 800$

$845\,000 - 225\,000$

$300\,000 - 15\,400$

b) Rechne! Setze fort!

$47\,200 - 300$

$47\,300 - 400$

$47\,400 - 500$

⋮

Was stellst du fest?

c) Die Differenz soll $23\,000$ sein. Welche Minuenden und Subtrahenden findest du? Bilde Rechenmuster und begründe!

4

a) Überschlage zuerst! Rechne schriftlich!

$50\,000 - 38\,651$

$200\,777 - 2\,077$

$1\,000\,000 - 357\,986$

$79\,876 - 79\,976$

$$91\,389$$
$$-\,12\,670$$
$$-\,31\,042$$

b) Rechne! Setze fort!

$$2\,121$$
$$-\,1\,212$$

$$3\,131$$
$$-\,1\,313$$

$$4\,\blacksquare 4\blacksquare$$
$$-\,1\,\blacksquare 1\blacksquare \quad …$$

Was stellst du fest? Denke dir auch solche Aufgaben aus und rechne!

c) Ergänze jeweils 5 Aufgaben mit der gleichen Differenz!

$78\,000 - 21\,000$

$9\,600 - 4\,700$

Formuliere eine passende Regel!
Die Differenz bleibt gleich, wenn …

LXXX

erreichten Lernstand gemäß den Anforderungsbereichen der Bildungsstandards erfassen (**a**) entsprechen immer dem Anforderungsbereich I – Reproduzieren, **b**) stets dem Anforderungsbereich II – Zusammenhänge erkennen, **c**) dem Anforderungsbereich III – Verallgemeinern, Begründen)

80

→ **AH** S.39   → **ÜH** S.38–39

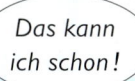

5 Masse / Gewicht

a) Wandle um!

4,8 kg = ☐ g

4,8 t = ☐ kg

480 g = ☐ kg

480 kg = ☐ t

48 kg = ☐ g

b) Welche Gewichte sind gleich?

65 000 kg

6 500 kg

6,5 kg

6 500 g

$6\frac{1}{2}$ kg

6,5 t

c) Wie viele Hühnereier sind etwa so schwer wie 10 Straußeneier? Begründe!

1,5 kg!

6 Raum-inhalte

a) Wandle in ml um!

6 l	3,5 l
25 l	0,3 l
$\frac{3}{4}$ l	$4\frac{1}{2}$ l
$\frac{1}{4}$ l	0,02 l
10 l	8,2 l
0,09 l	0,75 l

b) <, > oder = ?

300 ml ◯ 300 l

0,3 l ◯ 350 ml

$\frac{3}{4}$ l ◯ $\frac{1}{4}$ l

750 ml ◯ 0,75 l

500 l ◯ 5 000 ml

1 000 ml ◯ 10 l

c) Was könnte stimmen? Begründe!

In einer vollen Trinkflasche sind

A: 50 ml   B: $\frac{1}{2}$ l   C: 5 l

In einer Flasche Hustentropfen sind

A: 0,1 ml   B: 1000 ml
C: 10 ml   D: 10 l

7 Ansichten

a) Von welcher Seite sehen Lisa und Tom die Figur?

Tom: Lisa:

b) Zeichne die fehlenden Ansichten der Figur der Aufgabe 7 a) frei Hand!

c)

Wie viele verschiedene Figuren aus genau 10 Würfeln sehen von oben so aus? Begründe!

8 Sach-aufgaben

a) Erläutere die Angaben der Tabelle!

b) Berechne Unterschiede zwischen den Entfernungen und den Flugzeiten!

c) Wie weit fliegt ein Flugzeug etwa in einer Stunde? Wie lange würde ein Auto etwa von Berlin bis Istanbul ohne Pause fahren?

Ab-flugort	Zielflug-hafen	Entfernung	Flugzeit
Berlin	Istanbul	1740 km	4 h 10 min
Berlin	Oslo	830 km	1 h 35 min

erreichten Lernstand gemäß den Anforderungsbereichen der Bildungsstandards erfassen (**a**) entsprechen immer dem Anforderungsbereich I – Reproduzieren, **b**) stets dem

Anforderungsbereich II – Zusammenhänge erkennen, **c**) dem Anforderungsbereich III – Verallgemeinern, Begründen)

→ AH S.39   → ÜH S.38–39

Multiplizieren und Dividieren bis 1 000 000

Was kann ich schon?

1 Rechne im Kopf!

a)
4 · 3
4 · 30
4 · 300
4 · 3 000
4 · 30 000

b)
4 · 10
5 · 100
6 · 1 000
7 · 10 000
8 · 100 000

c)
5 600 : 80
3 000 · 40
9 000 : 90
6 000 · 20
4 800 : 40

d)
35 : 7
350 : 7
3 500 : 7
35 000 : 7
350 000 : 7

e)
130 000 : 1
130 000 : 10
130 000 : 100
130 000 : 1000
130 000 : 10 000

f)
600 · 80
240 : 40
460 · 50
720 : 60

5 Eine Bootsfahrt beginnt um 14:30 Uhr und endet 75 min später. Wie spät ist es nun?

6 Zeichne mit dem Zirkel ein Seerosenmuster!

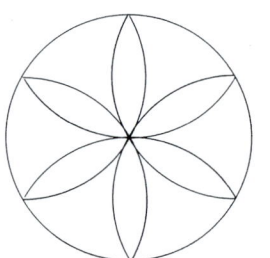

3

Ein Hechtweibchen heftet etwa 100 000 Eier an Wasserpflanzen und bewachsene Steine. Ein Karpfenweibchen legt 7- bis 10-mal so viele Eier an dicht mit Wasserpflanzen besetzten Stellen ab.

9 Erzähle zu einigen Aufgaben Rechengeschichten!

a) 36 · 2,8 t
28 · 7,9 cm
5 · 3,4 l

b) 1,823 kg · 9
42,81 m · 13
4,06 l · 27

10 Das Meereskundemuseum in Stralsund lockte am Wochenende viele Besucher an. Die Kassierer nahmen insgesamt 9 240 Euro ein. Es wurden Karten zu 3 Euro und zu 5 Euro verkauft. Wie viele Besucher könnten es etwa gewesen sein?

erstes ganzheitliches Kennenlernen wichtiger Lernthemen zum Multiplizieren und Dividieren bis 1 000 000, zum Lösen von Sachaufgaben, zu Zeitdauerberechnungen und

zu Eigenschaften ebener Figuren, Ausgangsniveau bzgl. der Lernthemen feststellen

2 Der schnellste Fisch unserer einheimischen Gewässer ist die Forelle. Sie kann etwa 11 m in einer Sekunde schwimmen. Wie viel Kilometer sind das ungefähr in einer Stunde?

Johannes:

```
3 6 0 0 · 1 1
      3 6 0 0
+     3 6 0 0
  3 9 6 0 0
```

Elisa:

```
1 1 · 6 0 = 6 6 0

  6 6 0 · 6 0
3 9 6 0 0
```

Toni:

Zeit	Weg
1 s	11 m
10 s	110 m
60 s	m

4

Tauchzeiten unter Wasser	
Haubentaucher	30 s bis 60 s
Fischotter	300 s bis 480 s
Biber	bis 900 s

a) Wie viele Minuten sind es immer?

b) Wie lange kannst du tauchen? Vergleiche!

---

7 Toms Aquarium ist 30 cm hoch, 60 cm lang, 45 cm breit.

a) Gib die Maße der Begrenzungsflächen des Aquariums an!

b) Skizziere die Flächen verkleinert!

---

8 Welche Zahlen zwischen 100 und 120 sind durch 2, 3 und 5 teilbar?

---

11 Überschlage zuerst! Dann multipliziere schriftlich!

a) 306 · 5

   793 · 4

   472 · 6

b) 987 · 42

   461 · 214

   208 · 208

---

12 Beachte Rechengesetze!

a) 124 · 90 − 20

   (124 · 90) − 20

   124 · (90 − 20)

b) 250 + 50 : 5

   (250 + 50) : 5

   250 + (50 : 5)

---

erstes ganzheitliches Kennenlernen wichtiger Lernthemen zum Multiplizieren und Dividieren bis 1 000 000, zum Lösen von Sachaufgaben, zu Zeitdauerberechnungen und zu Eigenschaften ebener Figuren, Ausgangsniveau bzgl. der Lernthemen feststellen

1

Und bei mir?

Herzschlag

Atemzug

Ich zerlege in Teilaufgaben.

Ich rechne mit einfachen Aufgaben.

Ich rechne mit Pfiff.

Person	Herzschläge in 5 min	Atemzüge in 1 min
Erwachsener im Ruhezustand	350	15
Erwachsener beim Joggen	650	60
$\frac{1}{2}$-jähriger Säugling	600	45

a) Errechne, wie oft das Herz jeweils in einer Minute schlägt!

b) Errechne, wie viele Male jeweils in 5 Minuten geatmet wird!

Nutzt die Tipps von Seite 18!

Ich rechne mit einem Malkreuz.

2 Die Kinder der Klasse 4 b rechneten so:

Paul:

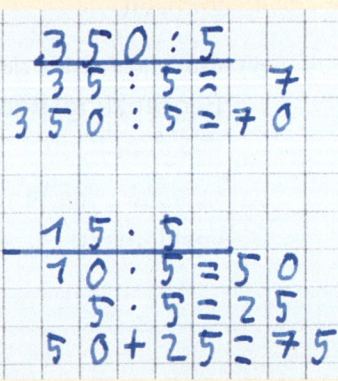

Eric:

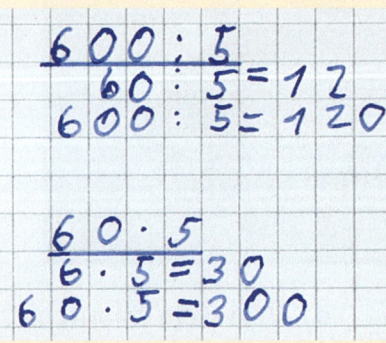

Lisa:

$$650 : 5$$
$$700 : 5 = 140$$
$$50 : 5 = 10$$
$$140 - 10 = 130$$

$$45 \cdot 5$$
$$50 \cdot 5 = 250$$
$$5 \cdot 5 = 25$$
$$250 - 25 = 225$$

Erika:

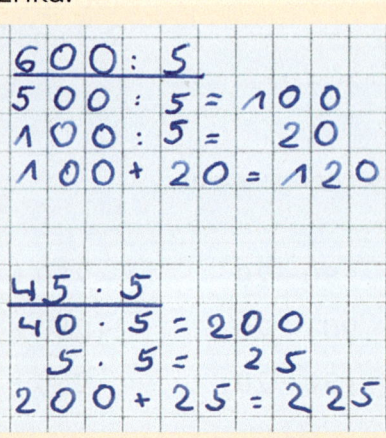

Bruno:

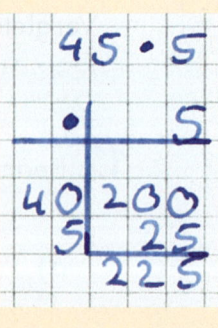

Findest du deinen Rechenweg?

1 verschiedene Rechenwege für die vorgegebenen Aufgaben unter Nutzung der Tipps für die Mathekonferenz entdecken, anwenden und beschreiben

2 verschiedene Rechenwege beschreiben, sie miteinander vergleichen und bewerten

Probiere und übe verschiedene Rechenwege!

1 In Teilaufgaben zerlegen

Eric

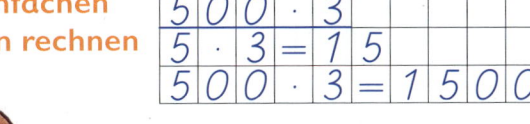

2 4 0 · 4				
2 0 0 · 4 = 8 0 0				
4 0 · 4 = 1 6 0				
8 0 0 + 1 6 0 = 9 6 0				

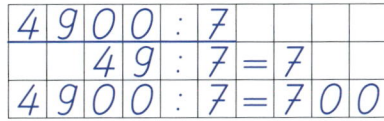

9 6 0 0 : 8				
8 0 0 0 : 8 = 1 0 0 0				
1 6 0 0 : 8 = 2 0 0				
1 0 0 0 + 2 0 0 = 1 2 0 0				

a) 310 · 7   b) 2 · 4 700   c) 9 600 : 4   d) 72 000 : 60

280 · 3   6 · 3 500   4 900 : 7   48 000 : 40

130 · 6   6 · 1 600   4 200 : 6   39 000 : 30

L: 700, 700, 780, 800, 840, 1 200, 1 200, 1 300, 2 170, 2 400, 9 400, 9 600, 21 000

2 Mit einfachen Zahlen rechnen

Erika

5 0 0 · 3			
5 · 3 = 1 5			
5 0 0 · 3 = 1 5 0 0			

4 9 0 0 : 7			
4 9 : 7 = 7			
4 9 0 0 : 7 = 7 0 0			

a) 300 · 30   b) 900 · 5   c) 3 500 : 7   d) 4 800 : 6

700 · 700   80 · 90   4 800 : 60   3 500 : 70

9 000 · 9   600 · 60   9 000 : 90   2 400 : 8

L: 50, 80, 100, 300, 500, 800, 900, 4 500, 7 200, 9 000, 36 000, 81 000, 490 000

3 Mit Pfiff rechnen

Bruno

2 8 0 · 9				
2 8 0 · 1 0 = 2 8 0 0				
2 8 0 0 − 2 8 0 = 2 5 2 0				

3 6 0 0 : 4 0				
4 0 0 0 : 4 0 = 1 0 0				
4 0 0 : 4 0 = 1 0				
1 0 0 − 1 0 = 9 0				

a) 310 · 9   b) 9 · 2 400   c)   690 : 5   d) 2 200 : 20

490 · 2   3 · 4 900   8 800 : 80   5 400 : 60

130 · 9   8 · 290   5 500 : 50   3 600 : 40

L: 90, 90, 100, 110, 110, 110, 138, 980, 1 170, 2 320, 2 790, 14 700, 21 600

4 Mit dem Malkreuz rechnen

Lisa

470 · 30

·	3 0
4 0 0	1 2 0 0 0
7 0	2 1 0 0
	1 4 1 0 0

a) 350 · 7   b) 660 · 40

480 · 30   750 · 30

620 · 50   120 · 80

360 · 40   450 · 50

L: 2 450, 2 700, 9 600, 14 400, 14 400, 22 500, 22 500, 26 400, 31 000

5 Rechne mit deinem Rechenweg!

a) 280 · 4   b) 3 · 2 600   c) 9 600 : 8   d) 15 000 : 30

410 · 7   6 · 2 100   5 600 : 7   81 000 : 90

420 · 3   6 · 1 600   3 600 : 6   28 000 : 40

1–4 jeweils den vorgegebenen Rechenweg zunächst anhand der Beispielaufgabe beschreiben und ihn dann auf die weiteren Aufgaben anwenden

5 jeweils einen selbst gewählten Rechenweg anwenden

LXXXV

→ ÜH S. 40–41

85

Rechenmuster, Rechenrätsel

1 Rechne und setze fort! Was fällt dir auf?

a) 5 · 3   b) 12 · 4   c)   36 : 4   d)   45 : 5   d)   72 : 8
   5 · 30   12 · 40   360 : 4   450 : 50   720 : 80
   5 · 300   12 · 400   3 600 : 4   4 500 : 500   7 200 : 800

2 Übertrage ins Heft! Rechne und setze fort!

·	10	20
100	1000	
200		
300		
⋮		

·		
100	10 000	
200		40 000
300	30 000	
⋮		

·		
1000	2 000 000	
2 000		
3 000		
⋮		

Wenn ich 10 · 100 rechne, dann stelle ich mir 10 Hunderterfelder vor.

Betrachte die Zeilen und die Spalten! Was stellst du fest?

3 a) Ergänze im Heft! Was fällt dir auf?

1 · 1 = ☐ = 0 · 8 + 1
3 · 3 = ☐ = 1 · 8 + 1
5 · 5 = ☐ = 3 · 8 + ☐
7 · 7 = ☐ = ☐ · 8 + ☐
9 · 9 = ☐ = ☐ · 8 + ☐

Was fällt dir auf?

b) Ergänze wie im Aufgabenturm a)!

11 · 11 = ☐ = ☐ · 8 + 1
13 · 13 = ☐ = ☐ · 8 + ☐
☐ · ☐ = ☐ = ☐ · 8 + ☐
☐ · ☐ = ☐ = ☐ · 8 + ☐
☐ · ☐ = ☐ = ☐ · 8 + ☐

4 a) Löse die Rechenrätsel!

> Dividiere 40 000 durch 800! Mit welcher Zahl musst du das Ergebnis multiplizieren, damit du 1 000 000 erhältst?

> Multipliziere den Quotienten der Zahlen 3 600 und 60 mit dem Doppelten von 25!

b) Schreibt euch gegenseitig Rechenrätsel auf!

> Der Dividend ist 4-mal so groß wie der Divisor. Wie groß ist der Quotient?

Multiplizieren
Faktor   Faktor   Produkt

Dividieren
Dividend   Divisor   Quotient

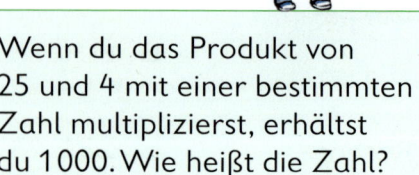

> Wenn du das Produkt von 25 und 4 mit einer bestimmten Zahl multiplizierst, erhältst du 1000. Wie heißt die Zahl?

5 Bilde aus den Ziffern 6 und 8 4-stellige Zahlen und vergleiche sie!

LXXXVI

1–3 Rechenmuster erkennen, beschreiben, passende Regeln bzw. Aufgaben zuordnen, ergänzen und sie lösen, dabei auch Rechenbeziehungen nutzen   *4 Rechenrätsel selbstständig lösen, dabei Texte in passende Aufgaben übersetzen*

86

→ AH S.41   → ÜH S.42–43

Mathekonferenz: Schriftliches Multiplizieren

1 Dein Mathematikbuch hat 144 Seiten.

a) Wie viele Seiten müssen für Lucie und
22 weitere Kinder insgesamt gedruckt werden?

b) Wie viele Seiten sind das für die insgesamt
124 Kinder der beiden Nachbarschulen?

> *Nutzt die Tipps von Seite 18!*

> *Ich beginne bei den Zehnern.*

> *Zuerst multipliziere, dann addiere ich.*

Ü: 2 800
144 · 23

---

2 Beschreibt die Lösungen der Kinder der Klasse 4 b! Vergleicht sie!

Erika:

Aufgabe a) : 144 · 23
überschlag : 150 · 20 = 3000

144 · 20   144 · 3
  2880   432

  2880
+ 432
  3312

Ali:

Aufgabe b) : 144 · 124
ü.: 15000

144 · 124
  144
  288
  576
17856

Ich lasse einfach die Nullen weg.

> *Was sagst du zu Alis Lösung?*

Ben:

a) 144 · 23
Überschlag : 150 · 20 = 3000

Rechnung: 144 · 23
            2880
             432
            3312

Lisa:

b) 144 · 124
Ü: 150 · 100 = 15000

144 · 100
14400

144 · 20   14400
  2880   2880
                 + 576
144 · 4   17856
  576

1 verschiedene Rechenwege für die vorgegebene Aufgabe
unter Nutzung der Tipps für die Mathekonferenz entdecken, anwenden und beschreiben

2 verschiedene Rechenwege beschreiben, sie miteinander
vergleichen und bewerten

→ **AH** S.42–43   → **ÜH** S.42–43

Schriftliches Multiplizieren

1 $329 \cdot 356$

Erkläre die Rechenschritte!

So kannst du schriftlich multiplizieren:

```
Ü:  300 · 400 = 120 000

329 · 356
    9 8 7 0 0
    1 6 4 5 0
        1 9 7 4
1 1 7 1 2 4

V:  120 000 ≈ 117 124
```

Du kannst die Rechnung auch so aufschreiben:

```
329 · 356
    9 8 7
  1 6 4 5
      1 9 7 4
1 1 7 1 2 4
```

Begründe, warum du die Nullen weglassen kannst!

---

2 Überschlage zuerst, dann multipliziere und vergleiche!

a)	b)	c)	d)	e)
318 · 329	3 472 · 26	112 · 56	1 234 · 56	431 · 93
12 636 · 14	868 · 104	144 · 72	1 234 · 112	431 · 107
5 272 · 37	1 736 · 208	128 · 64	1 234 · 124	431 · 186
3 159 · 224	3 472 · 104	256 · 128	1 234 · 248	431 · 214

L: 6 272, 8 190, 8 192, 10 368, 32 768, 40 083, 46 117, 69 104, 80 166, 90 272, 90 272, 92 234, 104 622, 138 208, 153 016, 176 904, 195 064, 306 032, 361 088, 361 088, 707 616

---

3 Rechne mit deinem Rechenweg!
Überschlage zuerst, dann multipliziere und vergleiche!

a)	b)	c)	d)	e)
112 · 41	2 114 · 215	6 214 · 3	27 311 · 5	214 · 32
6 214 · 3	418 · 423	192 · 53	5 082 · 64	610 · 24
218 · 231	3 202 · 342	2 499 · 33	616 · 25	604 · 66
378 · 99	3 112 · 91	2 419 · 55	412 · 64	109 · 88

L: 4 592, 6 848, 9 592, 10 176, 14 640, 15 400, 18 642, 18 642, 26 368, 37 422, 39 864, 50 358, 55 255, 82 467, 133 045, 136 555, 176 814, 283 192, 325 248, 454 510, 1 095 084

---

4 Beschreibe die Aufgaben! Welche Produkte vermutest du?
Prüfe deine Vermutungen durch Rechnen!

a)	b)	c)	d)	e)
499 · 19	1 999 · 19	9 999 · 49	99 · 99	49 999 · 29
500 · 20	2 000 · 20	10 000 · 50	100 · 100	50 000 · 30
399 · 39	2 999 · 9	19 999 · 29	999 · 99	59 999 · 19
400 · 40	3 000 · 10	20 000 · 30	1 000 · 100	60 000 · 20

LXXXVIII

1 anhand der Beispielaufgabe das Verfahren und die beiden Notationen der schriftlichen Multiplikation erklären

2–4 Verfahren der schriftlichen Multiplikation selbstständig anwenden, Selbstkontrollmöglichkeiten nutzen

→ AH S.42–43   → ÜH S.42–43

Schriftliches Multiplizieren

1

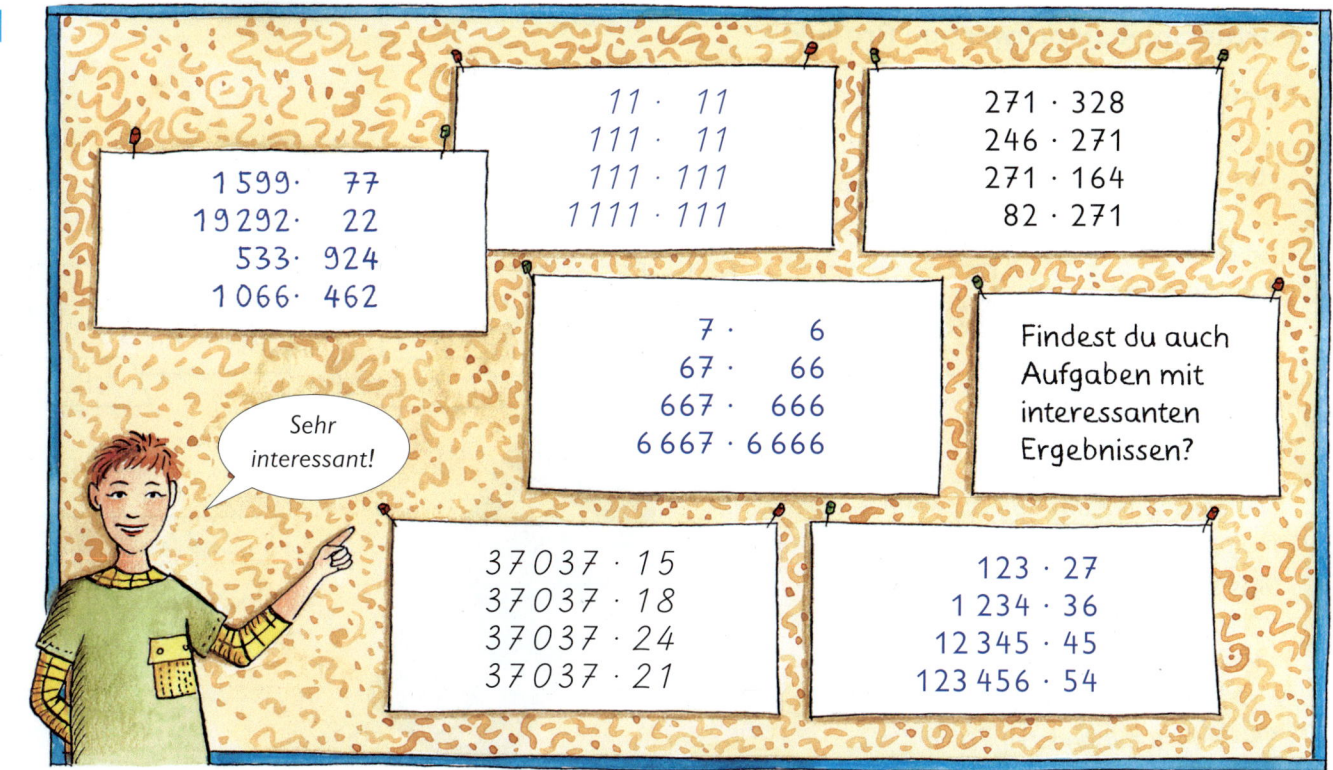

1599 · 77
19292 · 22
533 · 924
1066 · 462

11 · 11
111 · 11
111 · 111
1111 · 111

271 · 328
246 · 271
271 · 164
82 · 271

Sehr interessant!

7 · 6
67 · 66
667 · 666
6667 · 6666

Findest du auch Aufgaben mit interessanten Ergebnissen?

37037 · 15
37037 · 18
37037 · 24
37037 · 21

123 · 27
1234 · 36
12345 · 45
123456 · 54

2 Ein zerstreuter Professor hat alle Ergebnisse vertauscht.

376 · 824 = 200317
916 · 173 = 193698
435 · 212 = 83750
316 · 435 = 309824

918 · 211 = 158468
134 · 625 = 164010
385 · 426 = 92220
811 · 247 = 137460

3 a) Rechne mit deinem Nachbarn! Einer rechnet mündlich, der andere schriftlich!

2431 · 2	3123 · 3
2222 · 4	2123 · 6
444 · 2	1322 · 2

b) Rechnet mündlich oder schriftlich! Begründet!

400 · 400	66 · 101
450 · 450	611 · 161
545 · 454	33 · 202

Wer ist schneller?

L: 888, 1001, 2644, 4862, 6666, 6666, 8888, 9369, 12738, 98371, 160000, 202500, 247430

4 Ergänze!

a)
```
  325 · 216
      6░0
     32░
    1░50
    ░020░
```
```
  168 · 93
     1░░2
      504
   156░░
```

b)
```
  127 · 4░4
      5░8
      254
     ░░░
    ░░848
```
```
  166 · 232
     ░░░
     498
    3░░
   ░░░░░
```

c) Erfinde selbst solche Klecks-aufgaben!

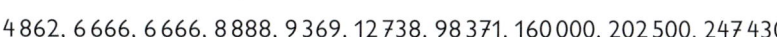

1/2 Aufgaben lösen, dabei Rechenmuster erkennen und sie beschreiben, passende Aufgaben ergänzen

3/4 flexibles Anwenden verschiedener Rechenstrategien, beim Auswerten hierüber gemeinsam diskutieren

LXXXIX

Multiplizieren und Dividieren mit dem Taschenrechner

1 **Partnerspiel „Hochwertige Produkte"**

Spielvorbereitung: Gegeben sind die Zahlen

(58) (21) (57) (31) (26) (51) (24) (39) (59) (53) (41) (18)

und drei „Zahlenkisten".

Zahlen von 9 bis 999 — 1 Punkt

Zahlen von 1000 bis 1999 — 3 Punkte

Zahlen von 2000 bis 3000 — 1 Punkt

Spielregel

Der Spieler, der am Zug ist, wählt 2 Zahlen, multipliziert sie mit dem Taschenrechner und besetzt die beiden Zahlen mit Plättchen. Anschließend prüft er, in welche Kiste das Ergebnis passt und notiert die Punktzahl. Wer am Ende die meisten Punkte hat, ist Sieger.

Spielt auch mit anderen Zahlen!

Anna	Tim
3 Punkte	1 Punkt

2 **a)** Multipliziere mit dem Taschenrechner!

$6 \cdot 8$ $4 \cdot 4$ $3 \cdot 4$

$66 \cdot 68$ $34 \cdot 34$ $33 \cdot 34$

$666 \cdot 668$ $334 \cdot 334$ $333 \cdot 334$

b) Was stellst du fest? Versuche deine Entdeckungen zu begründen! Rechne dazu schriftlich!

3 **a)** Rechne mit dem Taschenrechner! Entdecke Tricks für das Kopfrechnen!

$21 \cdot 19$ $72 \cdot 68$ $33 \cdot 27$ $26 \cdot 34$ $89 \cdot 91$ $51 \cdot 49$

$41 \cdot 39$ $58 \cdot 62$ $63 \cdot 57$ $46 \quad 54$ $88 \cdot 92$ $52 \cdot 48$

$101 \cdot 99$ $22 \cdot 18$ $77 \cdot 83$ $94 \cdot 86$ $87 \cdot 93$ $53 \cdot 47$

b) Wende nun deine Tricks an und rechne im Kopf! Kontrolliere mit dem Taschenrechner!

$79 \cdot 81$ $102 \cdot 98$ $7 \cdot 13$ $36 \cdot 44$ $104 \cdot 96$ $78 \cdot 82$

$31 \cdot 29$ $38 \cdot 42$ $37 \cdot 43$ $66 \cdot 74$ $76 \cdot 84$ $32 \cdot 28$

$9 \cdot 11$ $28 \cdot 32$ $103 \cdot 97$ $6 \cdot 14$ $24 \cdot 16$ $84 \cdot 76$

4 Probiere mit dem Taschenrechner!

a) Das Produkt von 2 zweistelligen Zahlen ist 444.

b) Das Produkt von 2 zweistelligen Zahlen ist 931.

Rechne mit Pfiff!

c) Sprecht darüber, wie ihr die Faktoren ermittelt habt!

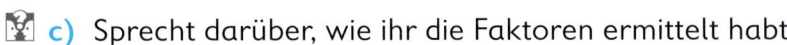

XC

1–4 Taschenrechner geschickt zum Multiplizieren mit großen Zahlen und zum Erkunden von Zahlbeziehungen und Rechentricks nutzen, erkannte

Zahlbeziehungen und Rechentricks beschreiben und begründen

→ **AH** S.44–45   → **ÜH** S.44–45

Im Kino

1

Eintrittspreise

Do/Mo/Mi	6,50 € für Erwachsene
	5 € für Kinder bis 11 Jahre
Fr/Sa/So	8 € für Erwachsene
	5 € für Kinder
Di	5 € für Erwachsene
	4,50 € für Kinder

Dienstag ist Kinotag.
Sonntag ist Familientag.
(Erwachsene zahlen in Begleitung eines Kindes den Kinderpreis).

a) 239 Schüler und 15 Lehrer der Sakura-Schule wollen am Mittwoch den Film „Die Konferenz der Tiere" ansehen. Vier Väter und vier Mütter begleiten die Kinder.

Wie viel Euro kosten die Karten insgesamt?

b) Wie viel Euro könnte die Schule sparen, wenn sie ihren Kinobesuch auf einen Dienstag legt?

c) Berechne für eine Veranstaltung verschiedene Kinopreise

– für deine Klasse mit 3 Begleitpersonen,
– für dich und deine Familie,
– für dich und deine Freunde!

2 Weißt du, wie ein Kinofilm entsteht?

Wenn du viele einzelne Bilder nacheinander schnell betrachtest, erscheint es dir so, als würden sich die Figuren auf den Bildern bewegen. So laufen in einem Kinofilm in einer Sekunde etwa 24 Bilder an deinem Auge vorbei. Ein einziges Bild ist etwa 35 mm breit.

a) Wie viele Bilder müssen für einen 5 s langen Zeichentrickfilm gezeichnet werden?

b) Wie viele Bilder laufen an deinem Auge vorbei, wenn du einen 45 min langen Film im Kino siehst?

c) Wie lang ist das Filmstück, wenn der Film eine Minute (eine Stunde) läuft?

3 Das Cinemaxx am Potsdamer Platz in Berlin hat rund 3 500 Plätze in 19 Sälen. Erfinde dazu Aufgaben und rechne!

1/2 *Texte lesen, über sie und die Zahlenangaben auch unter Einbeziehung eigener Alltagserfahrungen gemeinsam sprechen, dann Aufgaben selbstständig lösen,* *dabei selbst über die Wahl der Lösungswege entscheiden, anschließend gemeinsam darüber sprechen*

XCI

→ AH S.44–45   → ÜH S.44–45

91

Wasserexperimente

1 **Experiment: Wie groß ist der Rauminhalt deiner Hand?**

Tipps für Experimente

Überlegt vorher:
- Was wollt ihr wissen?
- Wie könnt ihr das Experiment durchführen?
- Sind Messungen notwendig? Wenn ja, wie könnt ihr messen?
- Wie könnt ihr die Ergebnisse darstellen?
- Welche Ergebnisse vermutet ihr?

Überlegt nachher:
- Stimmen die Ergebnisse mit den Vermutungen überein?
- Welche Fehler könnten beim Messen aufgetreten sein?
- Was bedeuten die Ergebnisse?
- Wie habt ihr zusammen gearbeitet?

a) Füllt in einen Messbecher 400 ml Wasser!

b) Was vermutet ihr? Um wie viel Milliliter Wasser steigt das Wasser, wenn ihr eure Hand bis zum Handgelenk in den Messbecher taucht? Notiert eure Vermutung!

c) Führt das Experiment durch!

d) Vergleicht euer Ergebnis mit eurer Vermutung!

e) Bestimmt den Rauminhalt eines Steins, einer Murmel und weiterer selbst gewählter Gegenstände!

f) Notiert alle Ergebnisse in einer Tabelle!

g) Vergleicht alle Vermutungen und Messergebnisse miteinander! Was stellt ihr fest?

2 **Experiment: Ist ein Liter Cola schwerer als ein Liter Wasser?**

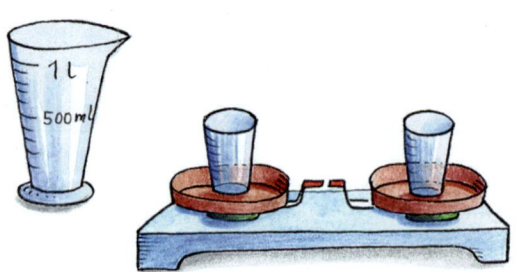

Ist das Gewicht der Gläser wichtig?

a) Messt einen Liter Cola und dann einen Liter Wasser ab! Gießt jede Flüssigkeit in eines der gleich großen Gläser!

b) Was vermutet ihr? Sind die Flüssigkeitsmengen gleich schwer? Begründet eure Meinung!

c) Führt das Experiment durch und vergleicht eure Ergebnisse mit euren Vermutungen! Was stellt ihr fest? Warum ist das so?

d) Begründet, warum zu viel Cola ungesund ist!

XCII

1/2 Experimente unter Nutzung der nebenstehenden Tipps zunächst gemeinsam besprechen, dann zu zweit oder in Kleingruppen durchführen, Ergebnisse darstellen und wiederum gemeinsam auswerten

92   → AH S. 46–47   → ÜH S. 46–47

Mathekonferenz: Schriftliches Dividieren

1

REISEN
1578 €

Tims ältere Schwester fährt mit
zwei Freundinnen in den Urlaub.
Die 3 Frauen wollen sich die Reise-
kosten von 1 578 € teilen.

Wie viel Geld muss
jede der Frauen bezahlen?

*Nutze die Tipps
von Seite 18!*

2 Die Kinder aus Tims Klasse stellen ihre Rechenwege vor:

Lene:

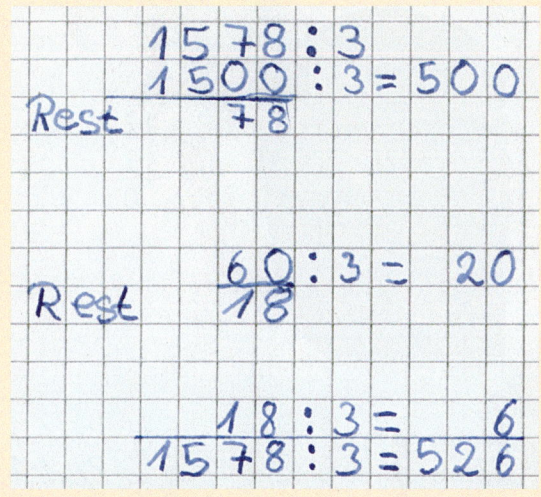

$1578 : 3$
$1500 : 3 = 500$
Rest $\quad 78$

$60 : 3 = 20$
Rest $\quad 18$

$18 : 3 = 6$
$1578 : 3 = 526$

Kati:

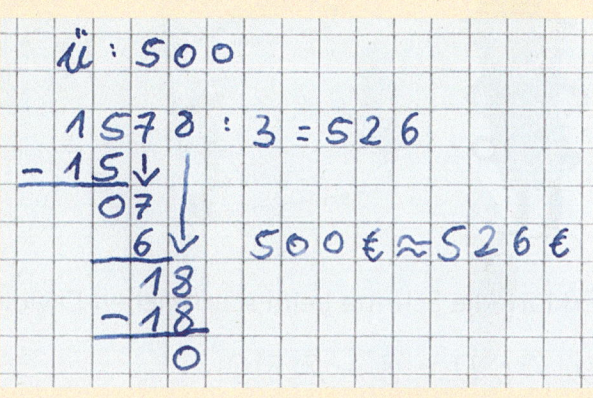

$ü : 500$

$1578 : 3 = 526$
$-15 \downarrow$
$\quad 07$
$\quad 6 \downarrow$
$\quad 18$
-18
$\quad 0$

$500 € \approx 526 €$

Adrian:

$ü : 1500 : 3 = 500$

$1578 : 3 = 526$
15
$\quad 07$
$\quad 6$
$\quad 18$
$\quad 18$
$\quad 0$

$500 \approx 526$

Wie rechnest du?

Jette:

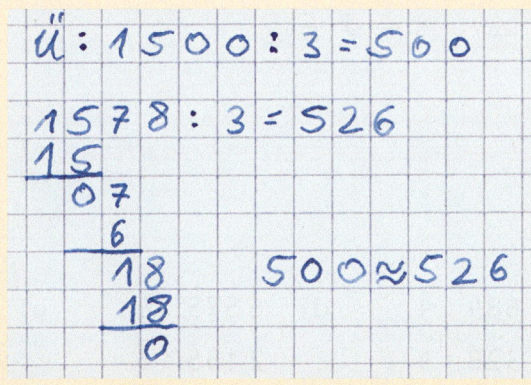

$1578 : 3$
$1500 : 3 = 500$
$\quad 70 : 3 = 20 \text{ Rest } 10$
$\quad 18 : 3 = 6$
$\quad\quad\quad\quad 526$

Beschreibe die Rechenwege und vergleiche sie!

3 Was sagst du dazu?

*Beim schriftlichen
Dividieren beginnt man
bei den Einern.*

*Beim schriftlichen
Dividieren beginnt man
bei der höchsten
Stellenzahl.*

*Beim schriftlichen
Dividieren muss man
dividieren, multiplizieren
und subtrahieren.*

---

1 verschiedene Rechenwege für die vorgegebene Aufgabe
unter Nutzung der Tipps für die Mathekonferenz entdecken, anwenden und beschreiben

2 verschiedene Rechenwege beschreiben, sie miteinander
vergleichen und bewerten

XCIII

→ **AH** S.46–47   → **ÜH** S.46–47

Schriftliches Dividieren

1 $762 : 3$

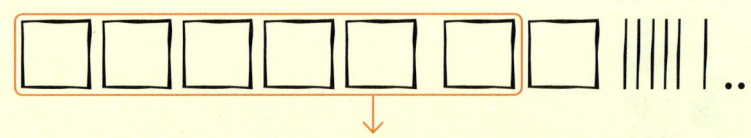

6H : 3 = 2H

$762 : 3 = 2$
6

15Z : 3 = 5Z

$762 : 3 = 25$
6
16
15

Das Teilen ist doch ziemlich schwer, ich rechne ständig hin und her!

12E : 3 = 4E

$762 : 3 = 254$
6
16
15
12
12
0

Erkläre die Schritte beim schriftlichen Dividieren!

```
Ü: 7 5 0 : 3 = 2 5 0

HZE          HZE       H:  7H : 3 = 2H, denn 3 · 2H =  6H, Rest 1H
7 6 2 : 3 = 2 5 4     Z: 16Z : 3 = 5Z, denn 3 · 5Z = 15Z, Rest 1Z
6                     E: 12E : 3 = 4E, denn 3 · 4E = 12E, Rest 0E
1 6
1 5
  1 2              Kontrolle: 2 5 4 · 3 = 7 6 2
  1 2
    0
```

2 Dividiere schriftlich!

a)	b)	c)	d)	e)
8 642 : 2	9 384 : 4	5 684 : 4	6 575 : 5	3 246 : 6
7 186 : 2	12 675 : 3	1 328 : 4	2 155 : 5	63 175 : 7
9 678 : 6	77 917 : 7	25 688 : 8	18 999 : 9	11 112 : 8

L: 332, 431, 480, 541, 1 315, 1 389, 1 421, 1 613, 2 111, 2 346, 3 211, 3 593, 4 225, 4 321, 9 025, 11 131

3

a)		b)		c)	
1 056 : 2	28 904 : 2	1 188 : 3	65 214 : 3	7 830 : 2	49 270 : 2
1 056 : 4	28 904 : 4	1 188 : 6	65 214 : 6	7 830 : 5	49 270 : 5
1 056 : 8	28 904 : 8	1 188 : 9	65 214 : 9	7 830 : 10	49 270 : 10

d) Was kannst du beim Rechnen erkennen?

1 Rechenvorschrift für das schriftliche Dividieren anhand der Beispielaufgabe erklären

2/3 Rechenvorschrift für das schriftliche Dividieren auf das Lösen der Aufgaben anwenden, Selbstkontrollmöglichkeiten nutzen, Rechenbeziehungen erkennen, begründen

Schriftliches Dividieren

1 /3 484 : 4 /

a) Was meinst du zu folgenden Überschlägen für die Aufgabe 3 484 : 4?

Bella überschlägt so:
3 600 : 4 = 900

Tim überschlägt so:
3 200 : 4 = 800

Lea überschlägt so:
4 000 : 4 = 1000

b) Rechne nun genau und vergleiche!

c) Überschlage zuerst, dann rechne genau! Vergleiche und kontrolliere!

436 : 2	966 : 7	5 238 : 9	2 916 : 6	1 197 : 3
378 : 3	744 : 3	1 734 : 2	4 438 : 7	2 248 : 4
756 : 4	942 : 6	2 552 : 4	1 776 : 2	6 978 : 6
995 : 5	952 : 8	6 235 : 5	1 776 : 8	4 122 : 9

Wie überschlägst du?

2 Drei Ergebnisse sind falsch. Finde sie nur durch Überschlagen!
Rechne die richtigen Ergebnisse aus! Wie könnten die Fehler entstanden sein?

Der Quotient aus 1887 und 3 ist 629.

Der Quotient aus 357 und 7 ist 2 499.

Die Summe der Zahlen 3 078 und 5 806 ist 8 884.

Der Quotient aus 3 680 und 8 ist 46.

Die Differenz von 2 548 und 1368 ist 3 916.

Das Produkt von 846 und 9 ist 7 614.

3

a	b	a : b
2628	9	
5724	6	
	7	826
	9	482

x	y	x · y
759	8	
	5	2 570
6		2 748
4	259	

L: 292, 458, 514, 954, 1036, 4 338, 5 782, 6 072, 7 000

4 a) 3 · a = 1 746
5 · b = 4 215
4 · c = 2 548

b) x · 6 = 25 686
y · 2 = 11 274
z · 7 = 25 564

c) r · 5 = 7 385
7 · s = 4 361
t · 8 = 7 992

d) 9 · d = 46 926
e · 8 = 52 256
3 · c = 14 355

L: 582, 623, 637, 843, 999, 1477, 3 652, 4 281, 4 785, 5 214, 5 637, 6 532, 6 838

 5 a) 63 € + 7,81 €
55,99 € + 8,95 €
0,98 € + 999,80 €

b) 26,56 m − 19,78 m
6,74 m − 55 cm
346,98 m − 59,70 m

c) 385,45 € − 157,28 €
15 689,72 € − 9 776,50 €
10 000,00 € − 8 706,47 €

XCV

1 verschiedene Überschläge miteinander vergleichen, über den Sinn des Überschlagens sprechen, Aufgaben selbstständig lösen, dabei Überschlag jeweils als Kontrollmöglichkeit nutzen

3/4 Buchstaben als Platzhalter für Zahlen erkennen, Tabellen im Heft ergänzen, Gleichungen lösen und Lösungen prüfen

→ **AH** S.47   → **ÜH** S.000

95

1

Vorsicht, Nullen tauchen auf! Doch die Regeln hab ich drauf!

a) Rechne die Aufgaben nach! Worauf musst du besonders achten? Prüfe mit der Umkehraufgabe!

Ü: 700 : 7 = 100
910 : 7 = 130

```
 7
21
21
 00
  0
  0
```

Ü: 1 200 : 4 = 300
1 224 : 4 = 306

```
12
 02
  0
 24
 24
  0
```

Ü: 6 000 : 3 = 2 000
5 082 : 3 = 1 694

```
 3
 20
 18
 28
 27
 12
 12
  0
```

Überschlage zuerst, dann rechne genau! Kontrolliere!

b) 918 : 3
960 : 5
639 : 9

c) 3 681 : 9
4 860 : 4
1 785 : 5

d) 72 600 : 6
30 264 : 8
30 264 : 3

e) 520 026 : 3
810 160 : 2
601 741 : 7

L: 71, 192, 306, 357, 409, 1 215, 3 783, 10 088, 12 100, 85 963, 173 342, 405 080, 525 000

2 a) 5 270 : 1
5 270 : 5
5 270 : 10

b) 34 168 : 2
34 168 : 4
34 168 : 8

c) 32 148 : 3
32 148 : 6
32 148 : 9

Was entdeckst du?

d) Bilde auch solche Aufgaben und rechne!

3 So rechnen die Kinder in anderen Ländern:

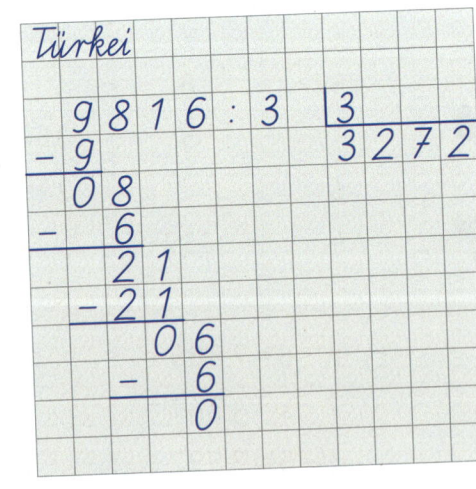

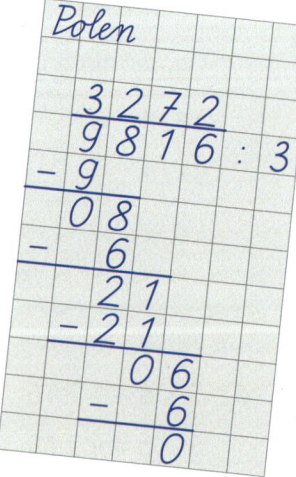

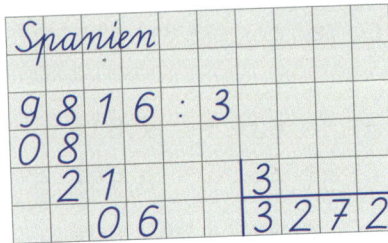

a) Erkunde das schriftliche Dividieren in anderen Ländern!

b) Ordne die Flaggen richtig zu!

XCVI

1 Aufgaben lösen, dabei Besonderheiten des Rechnens mit 0 an Beispielaufgaben erklären und beim Üben beachten
2 Rechenbeziehungen erkennen und als Rechenvorteil flexibel nutzen
3 besondere Schreibweisen des schriftlichen Dividierens anhand der Beispielaufgaben erkennen und erklären

96

→ AH S.48

Dividieren mit Rest

1 Die Hühner von Bauer Sonnenberg legten heute 826 Eier. Der Bauer will sie verpacken. Er hat 6er- und 10er-Eierkartons.

Tom rechnet:

```
8 2 6 : 6 = 1 3 7 R 4
6
2 2
1 8          1 3 7 · 6
  4 6            8 2 2
  4 2        +      4
    4            8 2 6
```

b) Wie viele Eier bleiben übrig, wenn der Bauer sie in 10er-Kartons verpackt?

a) Beschreibe Toms Rechenweg und sprich über das Ergebnis!

c) Lisa behauptet: „Er kann die Eier auch so verpacken, dass kein Rest übrig bleibt." Hat sie Recht? Begründe!

---

2 Überschlage zuerst, dann rechne genau! Kontrolliere!

a) 340 : 3
938 : 4
804 : 7
992 : 9

b) 5 823 : 5
4 286 : 8
9 873 : 2
4 358 : 6

c) 72 647 : 2
33 455 : 5
8 318 : 5
3 256 : 2

d) 10 350 : 10
4 658 : 10
3 724 : 4
6 331 : 4

e) Luca erkennt bei einigen Aufgaben sofort, ob ein Rest bleibt. Wie macht er das?

3
a) 4 251 : 2
4 251 : 3
4 251 : 4
4 251 : 5

b) 4 251 : 6
4 251 : 7
4 251 : 8
4 251 : 9

c) 3 024 : 4
3 025 : 4
3 026 : 4
3 027 : 4

d) 4 160 : 6
4 161 : 6
4 162 : 6
4 163 : 6

e) Teile alle Zahlen von 895 bis 910 durch 3! Was stellst du fest?

---

4 Bauer Sonnenberg will aus einer 440 cm langen Holzleiste Hühnerstangen bauen.

a) Kann das sein? Begründe!

> Der Bauer zersägt die Leiste in 3 gleich lange Stücke. Es bleibt ein 10 cm langes Reststück.

> Wenn der Bauer die Leiste in 5 gleich lange Stücke zersägt, dann ist jedes 85 cm lang.

> Der Bauer kann die Leiste in 8 gleich lange Stücke zersägen.

b) Zerschneide selbst 440 cm lange Wollfäden und prüfe!

c) Denke dir selbst solche Aufgaben aus und rechne!

1 Text lesen, Musterlösung erklären und sich bei den weiteren Aufgaben hieran orientieren
2–4 Aufgaben selbstständig lösen, auf korrekte Rechtschreib- weise und Rechenkontrollen achten, flexibel Rechen- strategien nutzen und beim Auswerten hierüber gemein- sam diskutieren

→ AH S.48   → ÜH S.48–49

Teilbarkeitsregeln und Primzahlen

1

Ich kenne einen Trick!

Welche Zahlen sind durch 5 teilbar?

725 9 372 3 641
325 18 235 55 283
4 890 42 060

Lara behauptet: „Ich kann sofort sagen, ob eine große Zahl durch 5 teilbar ist." Die Kinder ihrer Klasse testen sie und schreiben viele Zahlen an die Tafel. Aber Lara antwortet immer sofort richtig. Erkennst du ihren Trick?

2 a) Welche der folgenden Zahlen sind durch 2, welche durch 4 teilbar?

24	653	724	342	103
56	256	809	500	0
81	75	72	555	128

b) Setze vor jede Zahl eine Ziffer und prüfe, welche von den neu entstandenen Zahlen durch 2 (durch 4) teilbar sind!

3 a) Welche Zahlen zwischen 80 und 100 sind durch 2 (durch 4) teilbar?

b) Welche Zahlen zwischen 180 und 200 sind durch 2 (durch 4) teilbar?

c) Welche Zahlen zwischen 2 180 und 2 200 sind durch 2 (durch 4) teilbar?

4 Welche der folgenden Zahlen sind durch 3, welche durch 9 teilbar?

189	891	356	165	615
918	819	675	651	561
981	198	207	516	156

Tipps zum Entdecken von Regeln

Willst du wissen, ob eine Zahl durch
- 5, 10 oder durch 2 teilbar ist, brauchst du nur auf die letzte Ziffer der Zahl zu sehen,
- 4 teilbar ist, brauchst du nur auf die letzten beiden Ziffern der Zahl zu sehen,
- 3 oder 9 teilbar ist, brauchst du nur alle Ziffern der Zahl zu addieren **(Quersumme)**.

5 Versuche Regeln für die Teilbarkeit von Zahlen durch 2, 3, 4, 5 und 9 anzugeben!
Prüfe deine Regeln immer an verschiedenen Zahlen!

6 a) Welche Zahlen bis 20 sind Primzahlen?

Zahlen, die größer als 1 sind und die sich nur durch 1 und durch sich selbst teilen lassen, nennt man **Primzahlen.**

Beispiele für Primzahlen sind: 2, 5, 11.

b)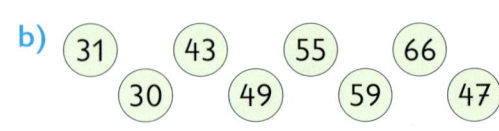
31 43 55 66
30 49 59 47

Welche von Leons Zahlen sind Primzahlen?

c) Erforsche, welche Zahlen bis 100 Primzahlen sind!

1–5 *Aufgaben lösen, dabei Rechenmuster entdecken, sie beschreiben, passende Aufgaben ergänzen und mit Hilfe der Tipps Teilbarkeitsregeln formulieren*

6 *Begriff Primzahl mit Hilfe des Merkkastens erklären, dann beim Lösen der Teilaufgaben selbstständig anwenden*

→ AH S.49 → ÜH S.48–49

Wie viel Müll erzeugen wir?

1 In Deutschland fielen 2008 etwa 37 200 000 t Hausmüll an. Würde der gesamte Müll auf einem Haufen liegen, so würde ein riesiger Berg entstehen, der höher als das Matterhorn wäre.

Matterhorn: 4 478 m hoch

a) Sprecht darüber!

b) In einen Eisenbahnwaggon passen etwa 22 t Müll. Wie viele Eisenbahnwaggons wären etwa für den gesamten Hausmüll eines Jahres notwendig?

c) Wie lang wäre ein Zug für diesen Jahresmüll?

2 Im Durchschnitt erzeugt jede Person in Deutschland jährlich etwa 453 kg Müll.

a) Wie viele volle 110-Liter-Tonnen könnten das ungefähr sein?

b) Wie viele Kilogramm (Tonnen) würden von allen Kindern deiner Klasse im Jahr anfallen? Kannst du dir vorstellen, wie viel das ist?

3 **a)** Erkunde, wie viele Kilogramm Müll in deiner Familie in einer Woche anfallen!

b) Berechne dann, wie viel Müll bei euch in einem Monat oder Jahr anfallen könnte!

4 Max hat in einer Broschüre über Müll gelesen, dass ein Schüler in Deutschland im Jahr ungefähr 50 Tintenpatronen verbraucht und wegwirft. Wie viel Gramm Müll wären das dann für deine Klasse in einem Jahr?

5 Die Kinder der Klasse 4a feiern bald ein „Müllfest".
Dafür haben sie viele Ideen gesammelt. Fatima und Josi wollen Papierkleider schneidern. Für jedes Kleid werden 9 Zeitungsseiten benötigt.

a) Wie viele Kleider könnte man aus 135 Zeitungsseiten schneidern?

b) Erkunde, wie viele Zeitungen von eurer Tageszeitung dafür benötigt würden!

c) Finn und Tom stellen aus Verpackungen Musikinstrumente her. Finde dazu Aufgaben und löse sie!

d) Welche Ideen habt ihr für ein „Müllfest"?

6 Gestalte eine Wandzeitung mit Ideen zur Verringerung des Mülls!

1 *Text lesen, über ihn und die Zahlenangaben auch unter Einbeziehung eigener Alltagserfahrungen gemeinsam sprechen, dann Aufgabe selbstständig lösen*

2–5 *Aufgaben selbstständig lösen, dabei selbst über die Wahl der Lösungswege entscheiden, anschließend gemeinsam darüber und über die jeweiligen Sachverhalte sprechen*

→ **AH** S.49   → **ÜH** S.48–49

Einheiten der Zeit

1 Gib an, welche Zeiteinheit du verwenden würdest!

 *am Vormittag in der Schule sein*

 *... lang die Luft anhalten*

ein warmes Bad nehmen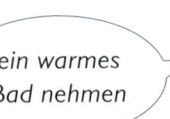

 *... dauerte meine Grundschulzeit*

zur Hofpause gehen

... lang im Urlaub sein

2 Bilde Paare!

| Dauer einer Schulwoche | 18 Monate | 2 880 min | 3 Monate | ein Halbjahr |

Dauer der Sommerferien

5 Tage | ein Vierteljahr | 9 Monate | 6 Monate | ein $1\frac{1}{2}$ Jahre altes Kind

366 Tage | Dauer der Weihnachtsfeiertage | ein Schaltjahr | 6 Wochen | ein Dreivierteljahr

Mein Merkbuch für Uhrzeiten

3 Ergänze im Heft!

| s | min | h | Tag | Woche | Monat | Jahr | ⊙ ←
→ ⊙ :

4

a) Wandle in die nächstkleinere Einheit um!

24 min	3 h 20 min
6 h	40 min 3 s
4 h	6 min 12 s
3 Tage	4 Tage 5 h

b) Wandle in die nächstgrößere Einheit um!

60 s	140 min
120 min	210 s
68 h	42 h
33 Monate	48 Monate

c) Runde auf volle Stunden!

18 h 45 min	6 h 29 min
50 min	7 h 7 min
3 h 10 min	2 h 41 min
1 h 24 min	8 h 58 min

Du kannst hierfür auch dein Merkbüchlein nutzen.

5 Wie spät ist es jeweils in 15 min? Gib beide Möglichkeiten an!

---

1 den Texten Zeiteinheiten zuordnen und dies begründen
2 Paare bilden und die Zuordnungen begründen
3 Pfeilbild mit Hilfe von Beispielaufgaben erklären

4 Umwandlungsaufgaben mit Hilfe des Pfeilbildes von Aufgabe 3 oder des Lexikons „Grundwissen Mathematik" lösen

Mathekonferenz: **Zeitberechnungen**

1

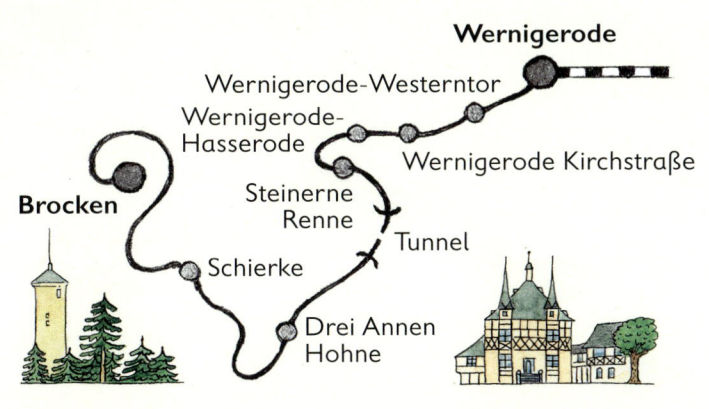

Die Harzer Schmalspurbahn

Nutze die Tipps von Seite 18!

a) Die Schmalspurbahn fährt um 8:40 Uhr in Wernigerode los und ist um 11:21 Uhr auf dem Brocken. Wie lang ist die Fahrtzeit für diese Strecke?

b) Linus kommt um 19:27 Uhr wieder in Wernigerode an. Er war 10 h 28 min unterwegs. Wann ist er morgens abgefahren?

Die Kinder aus Linus Klasse rechneten so:

Linus:

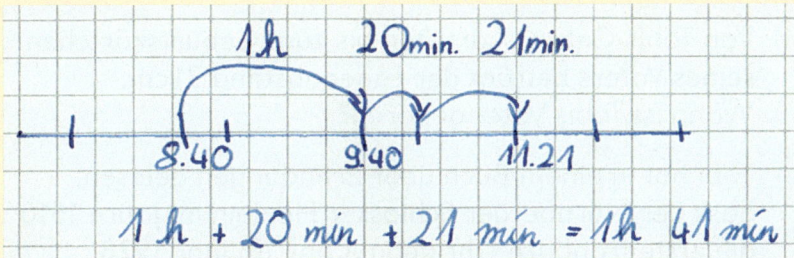

Erklärt die Rechenwege der Kinder!

Marta:

Emil:

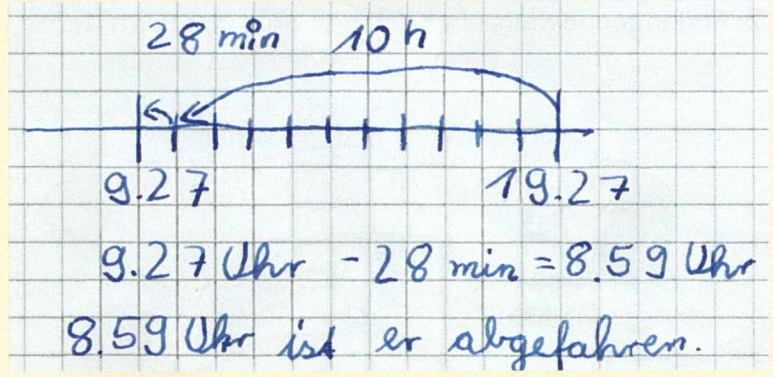

---

2 Ergänze im Heft! Probiere verschiedene Rechenwege!

a)

Abfahrt	Fahrtzeit	Ankunft
10:05 Uhr	46 min	
11:12 Uhr	48 min	
9:19 Uhr		12:20 Uhr
12:34 Uhr		16:15 Uhr
	39 min	20:58 Uhr

b)

Abfahrt	Fahrtzeit	Ankunft
8:44 Uhr	1 h 18 min	
11:11 Uhr		15:26 Uhr
15:39 Uhr		21:31 Uhr
	2 h 7 min	13:12 Uhr
	98 min	15:45 Uhr

---

1 verschiedene Lösungswege für die vorgegebene Aufgabe unter Nutzung der Tipps für die Mathekonferenz beschreiben und sie miteinander vergleichen

2 Tabellen im Heft ergänzen, beim Lösen jeweils einen selbst gewählten Rechenweg anwenden

→ **AH** S.51   → **ÜH** S.50–51

Zeitstrahl

1 Tobi holt aus seiner Zeitdose einen langen Zeitfaden mit vielen Kärtchen heraus.
Auf einem der Kärtchen steht: „1999 wurde Tobi geboren."
11 cm davor ist ein Knoten mit der Geburtskarte von Tobis Schwester.
Für jedes Lebensjahr hat Tobi 1 cm Fadenlänge berechnet.

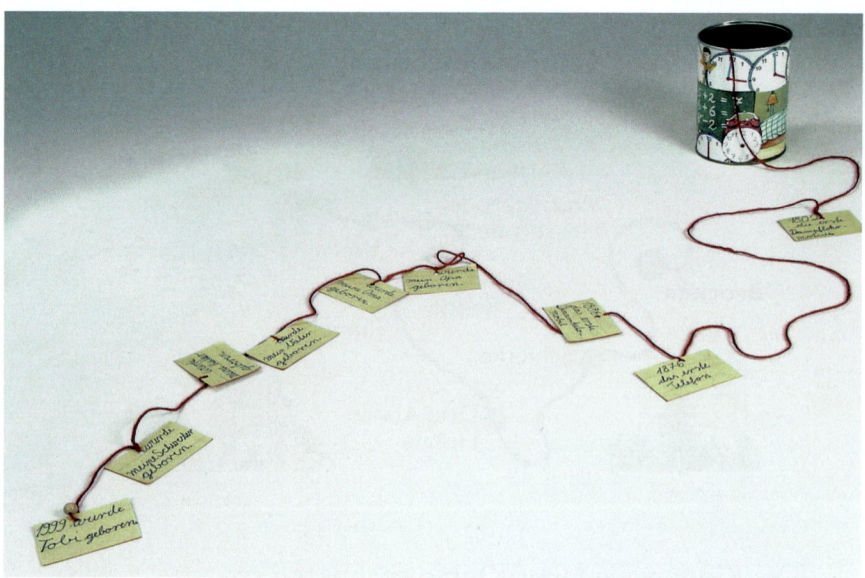

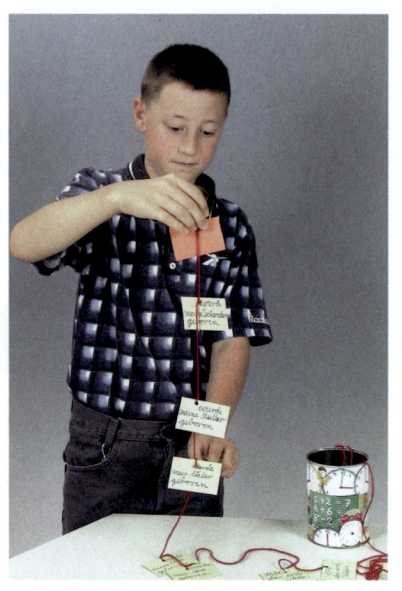

a) Wann ist Tobis Schwester geboren?

b) Von Tobis Geburtskärtchen bis zum Geburtskärtchen seines Vaters beträgt der Fadenabstand 31 cm.
Wann ist Tobis Vater geboren?

c) Tobi hat in einem Buch über Erfindungen gelesen, dass der Nürnberger Schlosser Henlein im Jahre 1510 die erste tragbare Uhr gebaut hat. Im Jahr 1928 gab es die ersten Quarzuhren.
Wie lang müsste Tobis Zeitfaden sein, wenn er zu diesen Erfindungen jeweils ein Kärtchen anbringen wollte?

2 **a)** Baue dir eine Zeitdose!

Du benötigst:
– 1 leere Kaffeedose,
– 1 dickes Wollknäuel,
– Pappkarton, Papier,
– Kleber, Stift,
– Schere, Lineal.

b) Fertige zu wichtigen Ereignissen in deiner Familie Kärtchen an!
Knote sie wie Tobi an einen Zeitfaden!
Beachte dabei die Abstände!

c) Erkunde in Büchern wichtige Erfindungen und ordne diese einem Zeitstrahl zu!

> Unsere Zeitrechnung beginnt mit dem Jahr 1 nach Christi Geburt, 1 n. Chr.

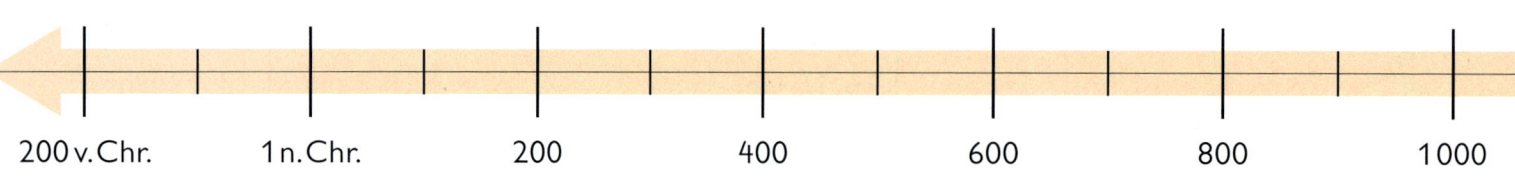

| 200 v. Chr. | 1 n. Chr. | 200 | 400 | 600 | 800 | 1000 |

C II

1–2 *Texte lesen, über sie und die Zahlenangaben auch unter fächerübergreifender Sicht gemeinsam sprechen, dann Aufgaben selbstständig lösen, dabei selbst über die Wahl von Lösungswegen entscheiden, anschließend gemeinsam darüber sprechen und Jahreszahlen auf dem Zeitstrahl zeigen*

→ **AH** S. 51 → **ÜH** S. 50–51

1

1820

1880

1840

Erfindungen

Vor etwa 2 000 Jahren brannte die erste Kerze.

Eine kupferne Urkunde von 595 n. Chr. zeigt die erste Zahlschrift.

Etwa im Jahre 90 n. Chr. wurde das erste Papier hergestellt.

1783 fand der 1. Flug mit einem Heißluftballon statt.

Ab 1888 konnte jedermann fotografieren.

1582 wurde die heutige Kalendereinteilung festgelegt.

1876 erfand Graham Bell das erste Telefon.

1802 fuhr die erste Dampf-lokomotive.

1886 gab es das erste Benzin-Automobil.

1981 wurde das Autonavigationsgerät erfunden.

1895

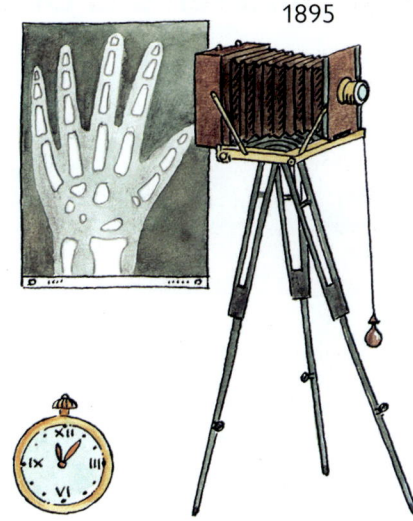

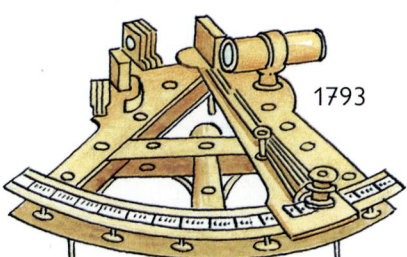

1400

1793

Ab 1959 konnten erste Computer hergestellt werden.

a) Zeige auf dem Zeitstrahl, wo etwa die Jahreszahl jeder Erfindung liegt!

b) Berechne, wie viele Jahre von jeder Erfindung bis zu deinem Geburtsjahr vergangen sind!

c) Stell dir vor, auf Tobis Zeitfaden gäbe es auch eine Karte mit der Erfindung des Papiers! Wie lang müsste Tobis Zeitfaden dann sein?

2 Erkundet weitere Erfindungen oder besondere Ereignisse aus den Jahren 1900 bis 2000 und ordnet diese Jahreszahlen auf dem Zeitstrahl ein!

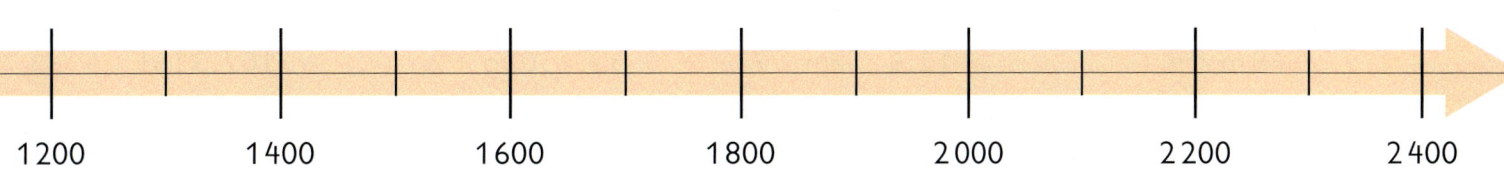

1200   1400   1600   1800   2 000   2 200   2 400

CIII

1 Texte lesen, über sie und die Zahlenangaben auch unter fächerübergreifender Sicht gemeinsam sprechen, dann Aufgaben selbstständig lösen, dabei selbst über die Wahl von Lösungswegen entscheiden, anschließend gemeinsam darüber sprechen und Jahreszahlen auf dem Zeitstrahl zeigen

→ **AH** S.51   → **ÜH** S.50–51

Multiplizieren und Dividieren mit Kommazahlen

1

Mia will mit ihren Eltern den Blumenkasten auf dem Balkon bepflanzen. Sie kaufen 2 rosarote, 4 dunkelrote und 2 blaue Fuchsien für insgesamt 16,24 €. Mias Mutter nimmt noch zwei Geranien für je 2,99 € mit.

a) Wie viel kostet eine Fuchsie?

b) Wie viel kosten die beiden Geranien?

2 Die Kinder der Klasse 4b stellen ihre Rechenwege vor. Beschreibt diese und vergleicht sie mit euren Rechenwegen!

Finn:

$$16 \text{€} : 8 = 2 \text{€}$$
$$24 \text{ct} : 8 = 3 \text{ct}$$
$$2 \text{€} \ 3 \text{ct} = 2{,}03 \text{€}$$

Anna:

$$2 \text{€} \cdot 2 = 4 \text{€}$$
$$99 \text{ct} \cdot 2 = (100 \text{ct} \cdot 2) - (1 \text{ct} \cdot 2)$$
$$= 198 \text{ct}$$
$$4 \text{€} + 1 \text{€} + 0{,}98 \text{€} = 5{,}98 \text{€}$$

Lea:

$$16{,}24 \text{€} : 8 = 2{,}03 \text{€}$$
$$16$$
$$2$$
$$0$$
$$24$$
$$24$$
$$0$$

Ben:

$$1624 \text{ct} : 8 = 203 \text{ct}$$
$$203 \text{ct} = 2{,}03 \text{€}$$

Maria:

$$2{,}99 \text{€} \cdot 2$$
$$5{,}98 \text{€}$$

Wohin setzt du das Komma?

3 Probiere verschiedene Rechenwege!

a) 4,50 € : 5
13,20 € : 4
11,60 € · 2
20,80 € · 4

b) 36,72 € : 6
81,96 € : 4
40,05 € · 9
53,34 € · 6

c) 28,40 m : 8
61,02 m : 3
53,90 m · 5
62,93 m · 7

d) 8,136 km : 2
0,664 km : 8
2,151 km · 3
3,546 km · 9

L: 0,90 €, 3,30 €, 6,12 €, 20,49 €, 23,20 €, 83,20 €, 320,04 €, 360,45 €, 3,55 m, 20,34 m, 269,50 m, 440,51 m, 0,083 km, 4,068 km, 6,453 km, 31,914 km

4 Überschlage, rechne und kontrolliere immer mit der Umkehraufgabe!

a) 8,64 m : 8
3,06 m : 6
4,14 m : 9
7,68 m : 4

b) 386,024 km : 8
103,32 km : 6
0,99 km : 9
12,6 km : 7

c) 2,545 kg : 5
21,609 kg : 3
31,640 kg : 4
32,150 kg : 2

d) 0,930 l : 6
132,003 l : 3
64,400 l : 7
102,316 l : 4

L: 0,46 m, 0,51 m, 1,08 m, 1,92 m, 0,110 km, 1,800 km, 17,220 km, 48,253 km, 0,509 kg, 7,203 kg, 7,910 kg, 16,075 kg, 0,155 l, 9,200 l, 25,579 l, 44,001 l

CIV

1/2 verschiedene Rechenwege für die aus dem Text ergebenen Aufgaben anwenden, beschreiben und sie miteinander vergleichen

3/4 Aufgaben selbstständig lösen, dabei auch selbst über die Wahl des Rechenweges entscheiden

104   → AH S.52   → ÜH S.51

Schriftliches Multiplizieren und Dividieren

1 Überschlage zuerst, dann dividiere! Kontrolliere mit der Multiplikation!

a)	b)	c)	d)
1 944 : 3	1 296 : 4	1 944 : 6	1 876 : 7
3 888 : 3	3 888 : 4	3 888 : 6	3 752 : 7
7 776 : 3	11 664 : 4	15 552 : 6	7 504 : 7
15 552 : 3	34 992 : 4	124 416 : 6	15 008 : 7

2 Überschlage zuerst! Ordne die Ergebnisse den passenden Aufgaben zu! Überprüfe deine Zuordnung!

Was fällt dir auf?

> 1 635, 1 635, 1 635, 1 635, 2 079, 2 079, 2 079, 2 079, 11 300, 15 820, 20 340, 24 860, 197 136, 283 272, 394 272, 566 544

a)	b)	c)	d)
1 276 · 222	452 · 25	8 175 : 5	14 715 : 9
888 · 444	452 · 35	4 158 : 2	13 080 : 8
222 · 888	452 · 45	8 316 : 4	16 632 : 8
444 · 1 276	452 · 55	11 445 : 7	33 264 : 16

3 Alle Ergebnisse (Produkte und Quotienten) haben die gleiche Quersumme. Rechne und überprüfe mit der Quersumme.

> 7 · 14 = 98
> 9 + 8 = 17
> 17 heißt die Quersumme.

a)	b)	c)	d)
4 698 : 3	56 889 · 8	6 917 · 9	234 · 4
37 296 : 4	1 701 : 9	2 259 · 16	2 398 · 3

4

```
       PFLANZEN-CENTER
         BRANDENBURG

2x
PFLANZENERDE ..................... 5,06
2x
UNTERSETZER ......................16,28
8x
BEGONIA ELATOR .................16,24
3x
HYDRO-DÜNGER ................... 5,79
2x
PFLANZENGEFÄSSE ................ 5,10
2x
BLUMENKASTEN-UNTERSETZER .......... 3,82

ZWISCHENSUMME        [............]
GEGEBEN EC-CASH      [............]

VIELEN DANK FÜR IHREN EINKAUF.
IHR PFLANZEN-CENTER BRANDENBURG
```

a) Berechne die Einzelpreise!

b) Berechne die Gesamtsumme!

c) Klebe Rechnungen mit mehreren gleichen Artikeln auf! Berechne dann die Einzelpreise!

1–3 Aufgaben selbstständig lösen, dabei auch Rechen- beziehungen erkennen und flexibel nutzen

4 Preisliste lesen, über die Zahlenangaben gemeinsam sprechen, dann Aufgaben selbstständig lösen, dabei selbst über die Wahl von Lösungswegen entscheiden

CV

→ AH S.52

105

Flächen, Ecken und Kanten

1 a) Tim und Lisa wollten Modelle eines Quaders bauen. Finde und beschreibe ihre Fehler!

  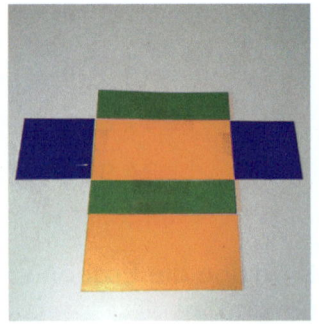 

b) Baue das Kantenmodell eines Quaders aus Stäbchen in drei verschiedenen Längen!

c) Vergleiche mit Tims Modell und beschreibe die Unterschiede!

2 a) Übertrage die Figuren auf Karopapier und schneide sie aus!

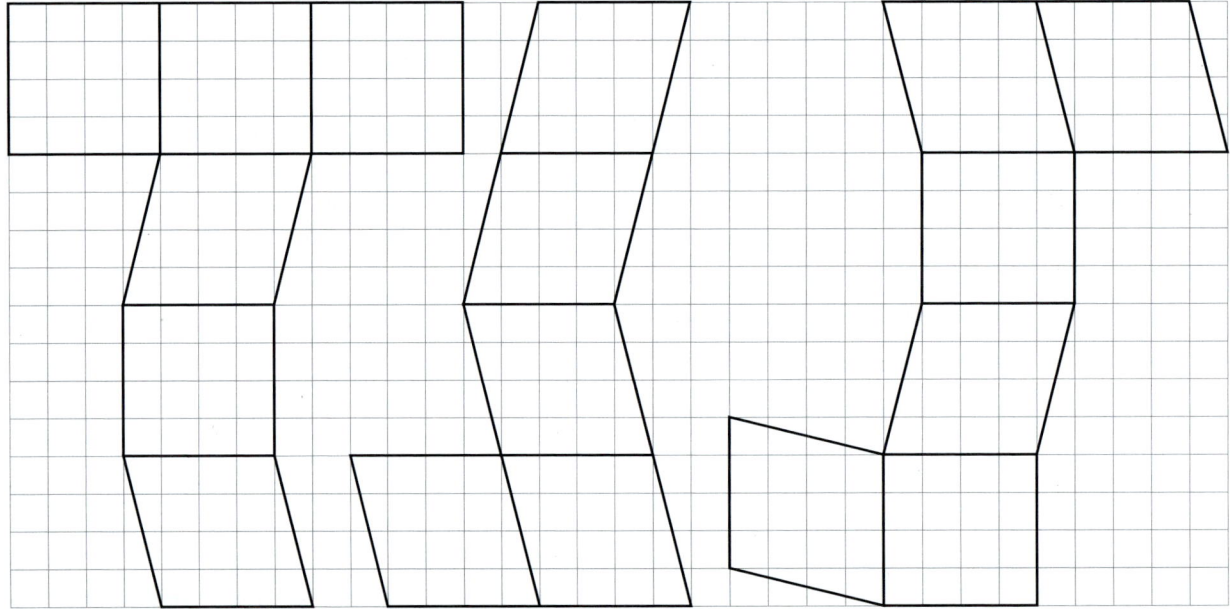

b) Falte und klebe sie an den markierten Kanten mit Klebeband aneinander!
Vermute vorher, wie die Figuren aussehen werden!

c) Vergleiche mit Tims Modell und beschreibe die Unterschiede!

3 a) Falte acht Blätter aus der Zettelbox so und klebe sie zu einem Würfel (Quader) zusammen!

b) Wie kannst du aus den gleichen Blättern unterschiedlich große Würfel (Quader) bauen?

CVI

1 Zeichnungen betrachten, Fehler mit Hilfe von Quadereigenschaften beschreiben
2 Figuren entsprechend der Anleitung herstellen, Unterschiede zu einem Würfel unter Verwendung geometrischer Fachbegriffe beschreiben
3 auf korrektes Falten achten

→ AH S.53   → ÜH S.52–53

Zueinander parallele und senkrechte Strecken

1 Zeige zueinander parallele und zueinander senkrechte Strecken!

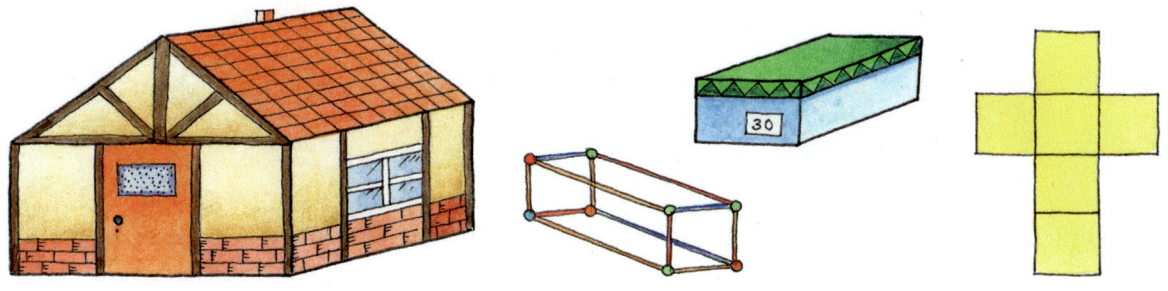

2 **a)** Falte ein Blatt aus der Zettelbox so:

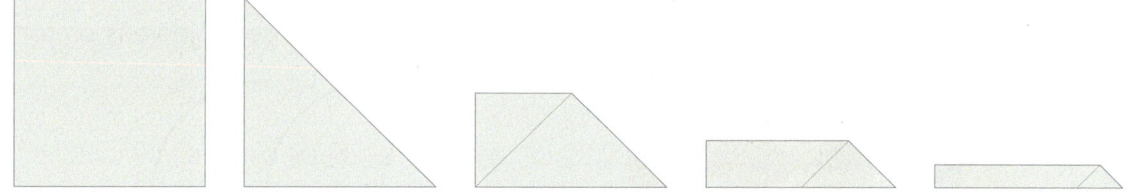

b) Welche Linien werden nach dem Auffalten zu sehen sein?
Zeichne deine Vermutungen auf ein ungefaltetes Blatt!

c) Zeige zueinander parallele und zueinander senkrechte Linien!

3 **a)** Erkläre, wie du mit dem Geodreieck zueinander senkrechte und zueinander parallele Strecken zeichnen kannst!

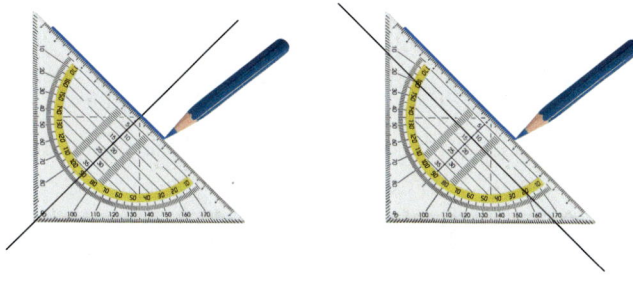

b) Zeichnet auf ein weißes Blatt abwechselnd Strecken, die immer senkrecht zu der vorher gezeichneten Strecke sind! Was stellt ihr fest?

c) Dein Partner soll Strecken zeichnen, die senkrecht zu deinen Strecken sind.
Du zeichnest Strecken, die parallel zu den Strecken deines Partners sind! Was stellt ihr fest?

4 **a)** Beschreibe jeweils die Lage und die Anzahl der Schnittpunkte der 3 Geraden!

b) Zeichne 6 Geraden, die keinen Schnittpunkt haben! Beschreibe ihre Lage!

c) Wie viele Schnittpunkte können 6 (7, 8, …) Geraden haben, die senkrecht oder parallel zueinander liegen?

1/2 *zueinander parallele und zueinander senkrechte Strecken erkennen und auf verschiedene Weise darstellen, besondere Lagebeziehungen erkunden*

3 *anhand der Abbildungen und mit Hilfe eines Geodreiecks die Handhabung des Zeichengerätes erklären und üben*

CVII

→ **AH** S.53 → **ÜH** S.52–53

107

Dreiecke, Vierecke, Kreise

1 a) Beschreibe, wie die Kinder der Klasse 4b einen Kreis gelegt haben!

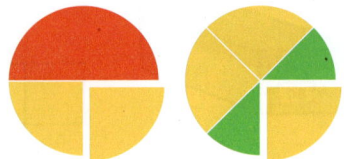

b) Finde Möglichkeiten, einen Kreis mit Halbkreisen, Viertelkreisen und Achtelkreisen zu legen!

2 Tom und Lina haben Figuren gelegt. Beschreibe sie!

a) Lege Figuren mit den Teilen aus Aufgabe 1!

b) Zeichne die Figuren auf Karopapier!

c) Zeichne ab und setze jeweils so fort!

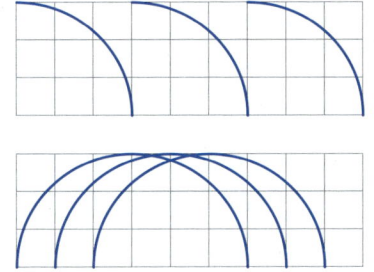

3 a) Zeichne ab!

b) Zähle die Schnittpunkte!

c) Verbinde die Schnittpunkte zu Dreiecken und Vierecken!

d) Welche Eigenschaften haben die entstandenen Dreiecke und Vierecke?

e) Zeichne weitere Durchmesser ein! Wie musst du die Punkte verbinden, damit Quadrate (Rechtecke, Parallelogramme) entstehen?

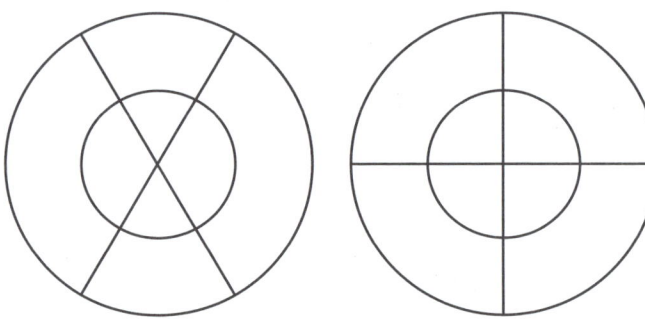

4 a) Falte und schneide ein Blatt aus der Zettelbox so:

 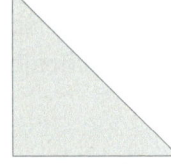   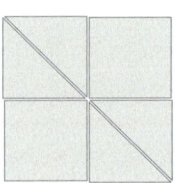

b) Wie viele verschiedene Rechtecke kannst du aus den Teilen legen?

c) Finde verschiedene Parallelogramme, die du aus einigen (allen) Teilen legen kannst! Klebe oder zeichne deine Lösungen auf!

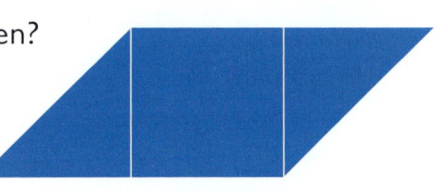

CVIII

1/2 Kreise und Kreismuster aus verschiedenen Teilfiguren legen und zeichnen

3 aus Kreismustern Dreiecke und Vierecke erzeugen und ihre Eigenschaften erkunden
4 durch Falten besondere Vierecke herstellen, diese erkunden

108 → **AH** S.54 → **ÜH** S.52–53

Trapeze

1 **a)** Falte und schneide ein Blatt DIN-A4-Papier so:

b) Welche Eigenschaften haben die entstandenen Vierecke?

c) Lege auf verschiedene Weise immer mehrere Teile zu einem Viereck! Welche der Vierecke haben zueinander parallele Seiten?

> Vierecke, bei denen zwei gegenüber liegende Seiten parallel zueinander sind, heißen **Trapeze**.

2 **a)** Zeichne drei Geraden mit einem gemeinsamen Schnittpunkt!

b) Zeichne zu jeder Gerade eine parallele Gerade!

c) Bezeichne die Schnittpunkte!

d) Wo findest du Trapeze?

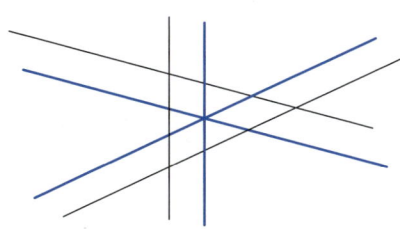

3 **a)** Lege mit Stäbchen!

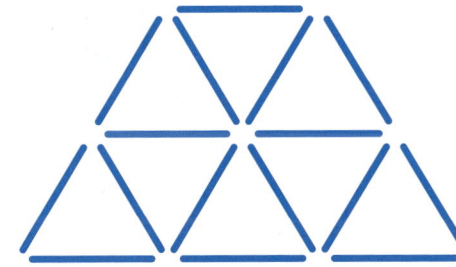

b) Entferne 4 Stäbchen so, dass 3 (2) Trapeze übrig bleiben!

c) Entferne 6 Stäbchen so, dass 3 Trapeze übrig bleiben!

d) Lege Trapeze mit einer ungeraden Anzahl von Stäbchen! Wie viele Stäbchen benötigst du mindestens?

e) Kannst du auch Rechtecke, Quadrate oder Parallelogramme mit einer ungeraden Anzahl von Stäbchen legen? Begründe deine Antwort!

4 **a)** Übertragt die Punkte auf Karopapier!

b) Verbindet abwechselnd zwei benachbarte Punkte! Die Linien dürfen sich nicht kreuzen. Wer ein Trapez vollendet, malt es in seiner Farbe aus. Wer am Ende die meisten Trapeze vollenden konnte, gewinnt.

c) Lisa hat „gelb" gewählt und ist am Zug. Wie muss sie zeichnen, um zu gewinnen?

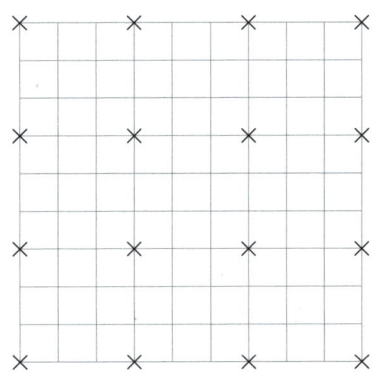 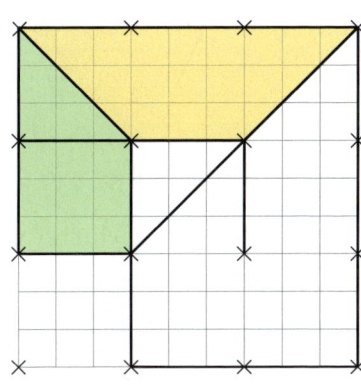

5 Sammle Bilder von Trapezen in deiner Umgebung! Gestalte ein Plakat!

---

1 *mittels Falten und Schneiden Trapeze erzeugen und Merkmale eines Trapezes kennen lernen*

2/3 *durch Zeichnen von Strecken und Legen von Stäbchen verschiedene Trapeze herstellen und diese untersuchen*

→ AH S.54   → ÜH S.52–53

Vierecke

1 **a)** Falte und schneide ein DIN-A4-Blatt so:

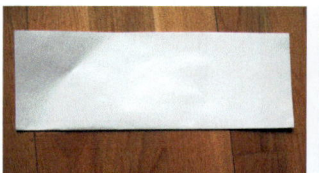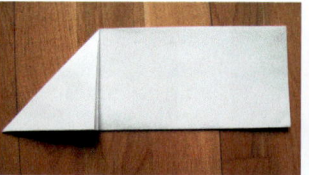

b) Falte und schneide unterschiedliche rechteckige Blätter auch so!

c) Welche Eigenschaften haben diese Vierecke?

d) Lege die Vierecke auch immer aus den abgeschnittenen Dreiecken!

> Vierecke mit 2 Paaren gleich langer Seiten heißen **Drachenvierecke**.

2 **a)** Falte Blätter aus der Zettelbox so:

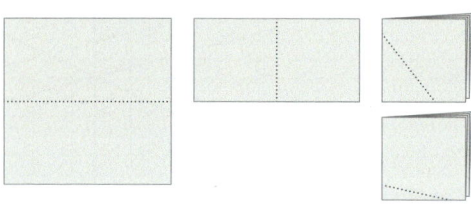

Schneide an der gestrichelten Linie!

> Ein Viereck mit 4 gleich langen Seiten heißt **Rhombus (Raute)**.

b) Miss die Seitenlänge der Vierecke! Was stellst du fest?

c) Wie musst du schneiden, damit Quadrate entstehen?

3 **a)** Übertrage die Figuren ins Heft und ergänze sie auf unterschiedliche Weise zu Vierecken!

b) Tim hat die erste Figur zu zwei unterschiedlichen Vierecken ergänzt. Beschreibe die Vierecke!

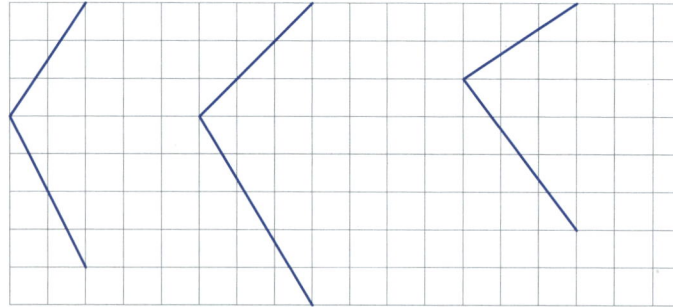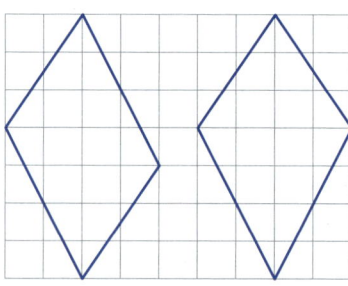

c) Beschreibe, wie du zeichnen musst, damit ein Drachenviereck (ein Rhombus) entsteht!

d) Gestalte Muster aus Rhomben und Drachenvierecken!

4 **a)** Zeichne zwei verschieden große Kreise, deren Kreislinien sich schneiden!

b) Verbinde die Schnittpunkte der Kreise mit den Mittelpunkten der Kreise! Welche Figur entsteht?

c) Wie müssen die Kreise gezeichnet werden, damit ein Rhombus entsteht?

CX

1 *Drachenvierecke erzeugen und deren Merkmale kennen lernen*
2 *Rhomben erzeugen und deren Merkmale kennen lernen*

3/4 *Drachenvierecke und Rhomben auf verschiedene Weise zeichnen*

Achsensymmetrische Figuren

1 **a)** Wie musst du ein Blatt aus der Zettelbox falten und schneiden, um diese Figuren zu erhalten?

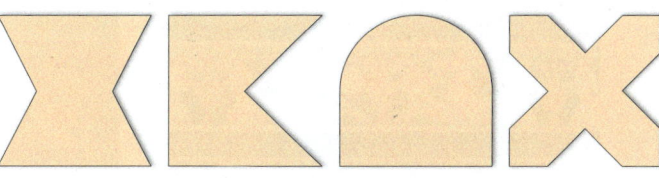

Falte auch mehrmals!

b) Wie kannst du falten und schneiden, um mit einem Schnitt einen Rhombus zu erhalten?

c) Wie kannst du falten und schneiden, um ein Drachenviereck (ein Trapez) zu erhalten?

2 **a)** Stelle einen Spiegel an das Dreieck des Legematerials, so dass die abgebildeten Figuren entstehen!

b) Verwende andere Figuren des Legematerials und zeichne solche Rätsel für deine Partner!

3 **a)** Legt und skizziert achsensymmetrische Figuren mit Stäbchen!

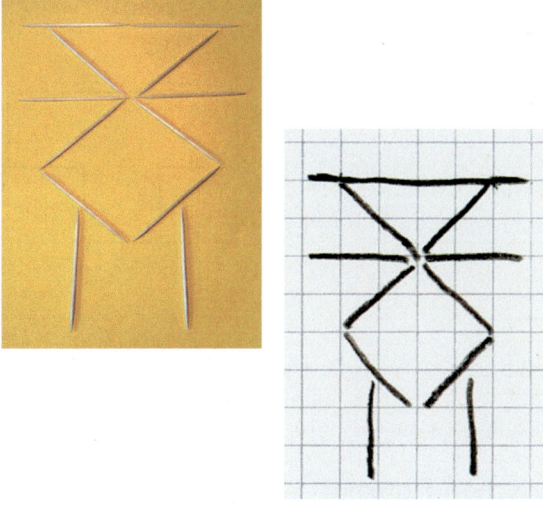

b) Übertrage ins Heft und spiegele die Figuren an beiden Symmetrieachsen!

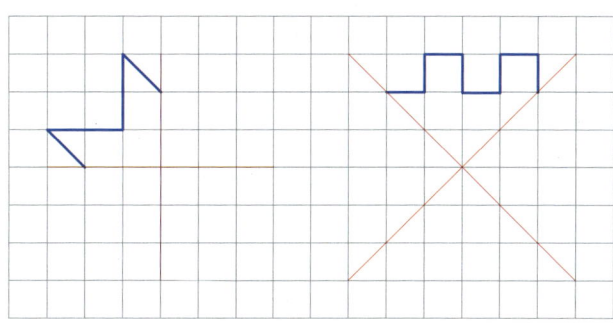

c) Beschreibe, worauf du beim Zeichnen achten musst!

d) Zeichne Figuren, die dein Partner symmetrisch ergänzen soll!

---

1 mittels Falten und Schneiden besondere achsensymmetrische Figuren erhalten, jeweilige Symmetrieachsen bestimmen

2 mit Hilfe eines Handspiegels achsensymmetrische Figuren erzeugen, jeweilige Symmetrieachsen bestimmen

3 achsensymmetrische Figuren legen und zeichnen

→ AH S.55 → ÜH S.55

Verschiebungen, schiebesymmetrische Figuren

1 **a)** Beschreibe die Muster!

b) Wie könnten die Muster fortgesetzt werden?

c) Sammle Bilder von Mustern, die durch Verschiebung von Figuren entstanden sind!

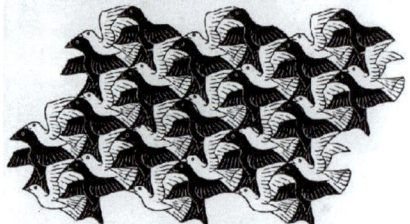 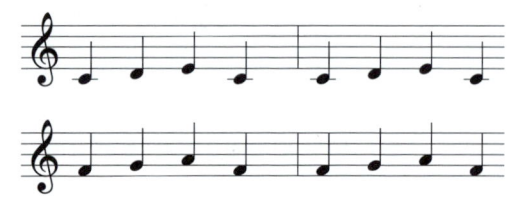

2 Beschreibe die Muster, zeichne sie ab und setze sie fort!

a) 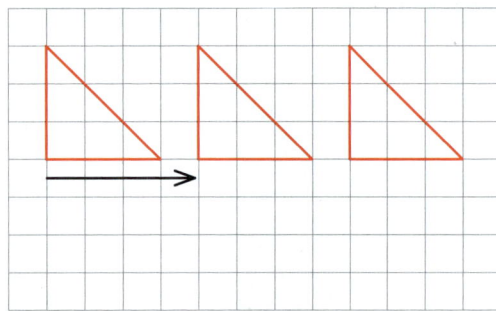 **b)** 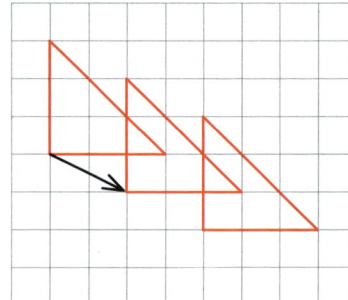 **c)**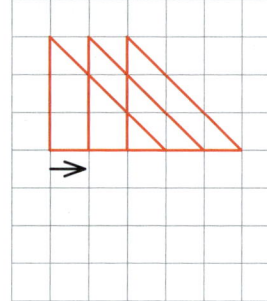

d) Beschreibe, wie du beim Zeichnen einer Verschiebung vorgehst!

> Wenn eine Figur mehrmals nacheinander verschoben wird, entsteht eine schiebesymmetrische Figur. Der Verschiebungspfeil gibt die Richtung und die Länge der Verschiebung an.

3 Zeichne die Muster ab und verschiebe sie so, wie der Verschiebungspfeil es zeigt!

a) 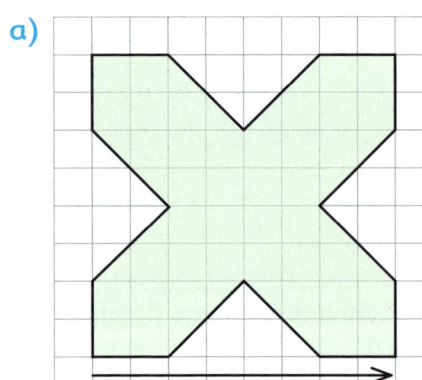 **b)** 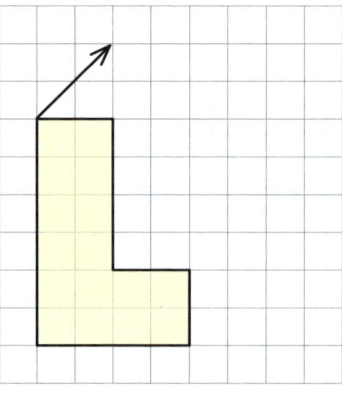 **c)**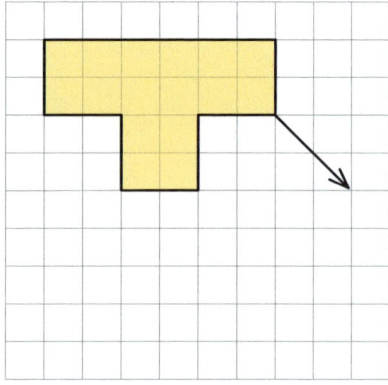

d) Gestalte ein Blatt mit eigenen schiebesymmetrischen Figuren!

CXII

1 *Muster beschreiben, dabei beispielhaft und mit Hilfe des Merkfeldes den Begriff Verschiebung erklären*

2/3 *Begriff schiebesymmetrische Figur beispielhaft erklären, Verschiebungen und schiebesymmetrische Figuren zeichnen*

112

→ AH S.56   → ÜH S.56–57

Drehungen, drehsymmetrische Figuren

1 Beschreibe, was jeweils beim Drehen passiert!

2 **a)** Falte ein Blatt aus der Zettelbox so:

> Eine Figur ist drehsymmetrisch, wenn sie nach dem Drehen um einen Punkt genauso aussieht wie vorher.

b) Falte die Figur auf und färbe sie!

c) Stich die Zirkelspitze in der Mitte ein und drehe die Figur! Was stellst du fest?

3 **a)** Falte und färbe die Blätter aus der Zettelbox wie die Kinder der Klasse 4 b!

b) Welche Figuren sind drehsymmetrisch? Begründe!

c) Welche Figuren sind achsensymmetrisch und drehsymmetrisch?

4 **a)** Lege die Muster! Begründe, warum die Figuren drehsymmetrisch sind!

b) Lege eigene drehsymmetrische Muster und zeichne sie auf!

c) Gestalte ein Plakat mit drehsymmetrischen Figuren!

CXIII

1 *Drehbewegungen einer Ausgangsfigur anhand der abgebildeten Gegenstände beschreiben*
2 *beispielhaft den Begriff drehsymmetrische Figuren erklären*

3/4 *Figuren auf Drehsymmetrie untersuchen, dabei Merkmale drehsymmetrischer Figuren üben und anwenden*

→ **AH** S.56   → **ÜH** S.56–57

113

Vergleichen von Flächen

1 Wie kannst du die Behauptungen der Kinder überprüfen?

Das Dreieck ist größer als das Quadrat.

Beide Figuren sind gleich groß.

Die rote Fläche ist größer als die blaue.

2 a) Vergleiche die gefärbten Flächen!

    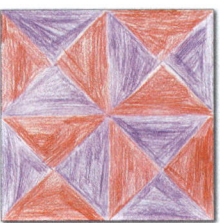

b) Falte und färbe ein Blatt aus der Zettelbox ebenso! Vergleiche die Flächen!

c) Färbe mit vier Farben immer gleich große Flächen auf verschiedene Weise!

3 Lege mit den Figuren des Legematerials Flächen, die genauso groß sind, aber eine andere Form haben! Zeichne deine Lösungen auf!

Lege erst aus!

a)    **b)**    **c)**

4 Fertigt euch ein Papierquadrat an, welches 1 m lang und 1 m breit ist! Vergleicht damit die Fläche des Schulflures und des Klassenraumes!

1/2 verschiedene Strategien beim Vergleichen von Flächen anwenden, Figuren mit gleich großer Fläche auf verschiedene Weise erzeugen

3 Figuren mit gleich großer Fläche, aber verschiedener Form herstellen

4 mit dem Papierquadrat als Einheitsmaß Flächeninhalte messen

Flächeninhalt und Umfang

1 Maria und Elias haben mit Blättern aus der Zettelbox Figuren gelegt:

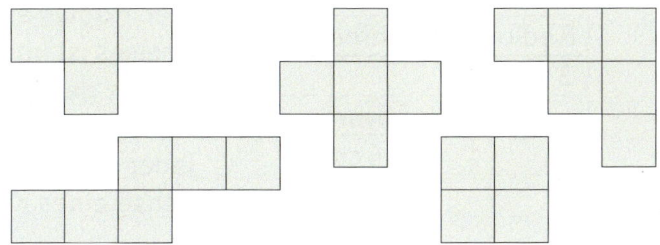

6 Stäbchen Umfang

a) Vergleiche ihre Fläche!

b) Bestimme den Umfang jeder Figur!

c) Vergleiche den Umfang der Figuren! Was stellst du fest?

d) Lege Figuren mit einem Umfang von 24 Stäbchen! Zeichne sie verkleinert auf Karopapier! Kannst du ein Rechteck mit einer ungeraden Anzahl von Stäbchen legen? Begründe!

2 a) Bestimme den Umfang der Figuren in Kästchenlängen!

b) Gib den Flächeninhalt an, indem du die Anzahl der Kästchen ermittelst!

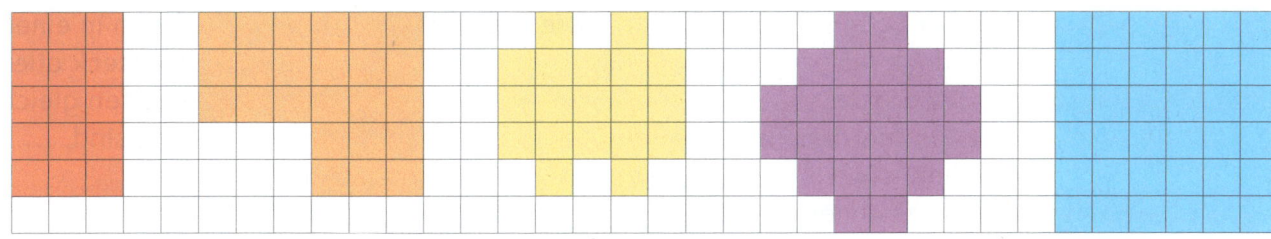

c) Zeichne auf Kästchenpapier eigene Figuren! Bestimme Umfang und Flächeninhalt!

d) Miss den Umfang mit dem Lineal! Was stellst du fest?

3 a) Lina hat einen Streifen aus Karopapier ausgeschnitten. In wie viele verschiedene Rechtecke (Quadrate) kann sie den Streifen schneiden, wenn sie immer genau einmal entlang einer Linie schneidet?

b) Wie viele verschiedene Rechtecke (Quadrate) können entstehen, wenn sie mehrmals schneiden darf?

c) Wie groß sind die Flächen der zerlegten Figuren, wie groß ist ihr Umfang?

4 a) Lisas Opa hat einen rechteckigen Garten. Er ist 27 m lang und 12 m breit. Wie kann Lisas Opa den Umfang und den Flächeninhalt bestimmen?

b) Wie viele Zaunfelder mit einer Länge von 1,5 m benötigt Lisas Opa, um vor die Hecke einen Zaun zu setzen?

CXV

1 *Flächeninhalt und Umfang der Figuren bestimmen, dabei anhand der Abbildung den Begriff Umfang erklären*
2 *Flächeninhalt und Umfang verschiedener Figuren erkunden*

3 *Umfang und Flächeninhalt von Figuren auf verschiedene Weise bestimmen und Messergebnisse miteinander vergleichen*

→ **AH** S.57   → **ÜH** S.56–57

Das kann ich schon! **Geometrie**

Kreise

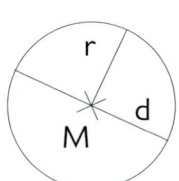

1
a) Zeichne einen Kreis mit dem Radius r = 2,2 cm! Bestimme den Durchmesser!

b) Ergänze!

Radius	Durchmesser
3,7 cm	
	58 mm
	9,6 cm

c) Ergänze! Der Radius eines Kreises ist immer … wie der Durchmesser. Jeder … ist Spiegelachse eines Kreises.

Dreiecke

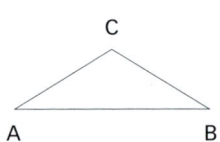

2
a) Zeichne verschiedene Dreiecke!

b) Zeichne ein Dreieck mit einem rechten Winkel! Nutze das Geodreieck!

c) Zeichne symmetrische Dreiecke! Zeichne immer die Symmetrieachse ein!

Quadrate/ Rechtecke

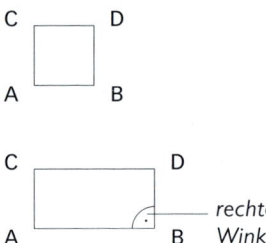

rechter Winkel

3
a) Zeichne ein Quadrat mit der Seitenlänge 4,5 cm! Wie viele Symmetrieachsen kannst du einzeichnen?

b) Zeichne ein Rechteck, das dreimal so lang wie breit ist!

c) Ergänze und begründe! Wenn in einem Rechteck alle 4 Seiten gleich lang sind, …

Parallelo-gramme

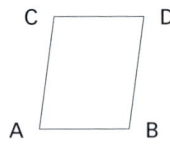

4
a) Zeichne mit dem Geodreieck verschiedene Parallelogramme!

b) Ergänze! Bei jedem Parallelogramm sind gegenüberliegende Seiten _____ zueinander und _____ lang.

c) Kann das stimmen? Jedes Rechteck ist ein Parallelogramm. Begründe!

Trapeze, Rauten, Drachen-vierecke

5
a) Wie heißen diese Vierecke?

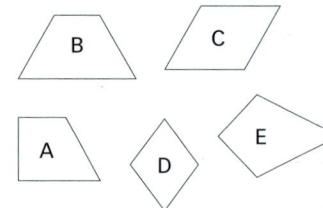

b) Nenne die Merkmale von Trapez, Raute und Drachenviereck! Spanne sie auf dem Geobrett!

c) Ergänze und begründe! Wenn eine Raute rechte Winkel hat, dann …

Ich nutze das Mathelexikon!

erreichten Lernstand gemäß den Anforderungsbereichen der Bildungsstandards erfassen (**a**) entsprechen immer dem Anforderungsbereich I – Reproduzieren, **b**) stets dem Anforderungsbereich II – Zusammenhänge erkennen, **c**) dem Anforderungsbereich III – Verallgemeinern, Begründen)

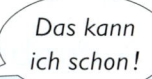

Würfel/Quader

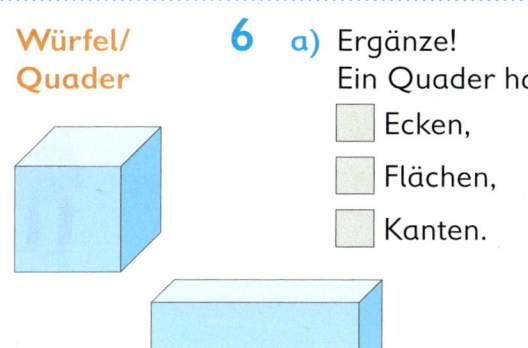

6

a) Ergänze!
Ein Quader hat

☐ Ecken,

☐ Flächen,

☐ Kanten.

b) Ergänze!
Alle Flächen eines Würfels sind …
Alle Kanten eines Würfels sind …

c) Ein Quader ist 6 cm lang, 4 cm breit und 1,5 cm hoch. Zeichne alle Begrenzungsflächen!

Würfel- und Quadernetze

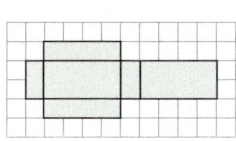

7

a) Übertrage das Netz in dein Heft! Male gegenüberliegende Flächen gleich aus!

b) Finde die Fehler und berichtige!

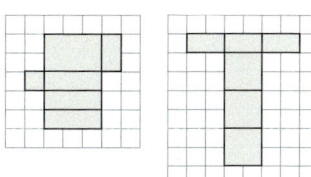

c) Zeichne zum Quader aus Aufgabe 2 c) verschiedene Quadernetze!

Kugel, Pyramide, Zylinder, Kegel

8

a) Wie heißen diese Körper?

A   B   C

b) Welcher Körper könnte es sein? Er hat 5 Ecken und 5 Flächen.

c) Kann das stimmen? Jeder Körper, der keine Ecken hat, ist eine Kugel. Begründe!

Ansichten

9

a) Von welcher Seite sieht Ole die Figur?

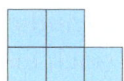

b) Zwei Ansichten dieser Figur sind gleich. Welche sind es? Zeichne alle Ansichten dieser Figur!

c) Ergänze!
Die Vorderansicht, Seitenansicht und Draufsicht von … sind gleich. Sie sind immer …

Flächeninhalt und Umfang

10

a) Ergänze!
Flächeninhalt:
☐ Quadrate
Umfang:
☐ Karolängen

b) Zeichne eine Figur, die 8 Quadrate groß ist und einen Umfang von 14 Karolängen hat.

c) Kann das stimmen? Alle Figuren mit einem gleichen Umfang sind auch gleich groß. Begründe!

117

Aufgaben mit verschiedenen Rechenarten, Aufgaben mit Klammern

1 a)

120€ + 5 · 25€ = ☐

b)

24 · 6 + 144		240 + 12 · 5
59 + 7 · 63		31 · 7 + 183
94 · 5 − 170		335 − 47 · 5
329 − 87 : 3		843 − 129 : 3
432 − 72 : 8		630 + 70 · 11

L: 100, 288, 300, 300, 300, 400, 423, 500, 500, 800, 1400

2 a)

500 · 5 + ☐ = 3 000
2 · 578 + ☐ = 2 000
1 388 + 204 · ☐ = 2 000
1 268 − ☐ · 2 = 1 138
18 · 61 + ☐ = 1 138

b)

500 : 5 + ☐ = 3 000
☐ − 738 : 6 = 135
123 : 3 + ☐ = 400
770 : ☐ + 930 = 1 000
☐ − 1 740 : 6 = 1 710

> *Punktrechnung geht vor Strichrechnung!*

L: 3, 11, 40, 65, 258, 359, 500, 844, 1548, 2 000, 2 900

3 a) Rechne!

4 · 3 + 9 · 3
13 · 3

5 · 11 + 4 · 11
☐ · 11

4 · 15 + 8 · 15
☐ · 15

3 · 31 + 2 · 31
☐ · 31

b) Rechne und bilde selbst eine passende Aufgabe dazu!

3 · 8 + 6 · 8
☐ · ☐

☐ · ☐ + ☐ · ☐
8 · 9

5 · 13 + 2 · 13
☐ · ☐

☐ · ☐ + ☐ · ☐
10 · 16

4 Ordne die Geichungen dem passenden Text zu!

$12 \cdot 8 + 16 =$ ☐

$12 \cdot (8 + 16) =$ ☐

Für einen Kuchenbasar bereiten die Kinder der Klasse 4 a 12 Teller mit jeweils 8 Schokobällchen und 16 Quarkbällchen vor.

Die Kinder der Klasse 4 b tragen 12 Teller mit jeweils 8 Muffins zum Kuchenstand. Paul bringt noch ein Blech mit 16 Muffins.

5 a)

24 · (5 + 120)
24 · 5 + 120
21 · (15 + 85)
21 · 15 + 85

b)

180 + 12 · 5
(180 + 12) · 5
(369 − 135) : 9
369 − (135 : 9)

c)

412 · 5 + 2 060
312 : 3 + 1 896
(2 475 − 75) · 6
10 000 − 45 · 11

L: 0, 26, 240, 240, 354, 400, 960, 2 000, 2 100, 3 000, 4 120, 9 505, 14 400

d) Erzähle zu einigen Aufgaben Rechengeschichten!

CXVIII

1 a) Regel „Punktrechnung geht vor Strichrechnung" anhand der Beispielaufgabe erklären
1 b)–3 Aufgaben unter Nutzung der Regel „Punktrechnung

geht vor Strichrechnung" lösen
4 Klammerregel anhand der Beispielaufgabe erklären, dann selbstständig anwenden

118 → AH S.58 → ÜH S.58–59

Sommerfest in der Grundschule am Wall

Lest, was die Schule zum Sommerfest alles anbietet. Löst die Aufgaben und spielt die Spiele!

1 **a)** Für die Theateraufführung werden zweimal 45 Stühle und dreimal 24 Stühle aufgestellt. Wie viele Stühle sind das insgesamt?

b) Ein Viertel aller Schüler der Schule spielt beim Theater mit. 4 Gruppen mit je 4 Kindern stellen Heinzelmännchen und 2 Gruppen mit je 3 Kindern stellen Faultiere dar. 18 Kinder treten als Chorsänger auf. Wie viele Kinder gehören zur Grundschule?

2 Für die Sportspiele haben sich insgesamt 66 Kinder angemeldet. 8 Gruppen mit je 6 Kindern wollen Völkerball spielen. Die restlichen Kinder nehmen an lustigen Staffelspielen teil.

a) Wie viele Kinder haben sich für die Staffelspiele angemeldet?

b) Wie viele Kinder könnten jeweils eine Staffel bilden?

3 **Würfelspiel**

Spielregel

Jeder Spieler würfelt mit 3 Spielwürfeln. Dann versucht jeder mit seinen gewürfelten Augenzahlen so zu rechnen, dass er eine Zehnerzahl erhält. Wem das gelingt, der erhält einen Punkt.

Beispiel:

$4 \cdot (3 + 2) = 20$ oder $3 \cdot 2 + 4 = 10$

4 **Legespiel (Partnerspiel)**

Spielregel

22	3	2
+	−	·
:	(	)

a) *Jeder Spieler stellt aus den Karten eine Aufgabe so zusammen, dass er ein möglichst großes Ergebnis erhält. Wer von beiden die größere Ergebniszahl hat, erhält einen Punkt. Danach wird um das kleinste Ergebnis gespielt.*

b) *Stellt selbst andere Karten her und spielt mit ihnen!*

CXIX

1/2 *Texte lesen, über sie und die Zahlenangaben gemeinsam sprechen, dann Aufgaben selbstständig lösen, dabei selbst über die Wahl von Lösungswegen entscheiden*

3/4 *Spielregeln erklären, dann spielen und sich anschlie-ßend über geschickte Rechenstrategien austauschen*

→ **AH** S.58 → **ÜH** S.58–59

119

Durchschnittsberechnungen

1 Die Kinder einer Dresdner Schule erkundeten, wie viele Haustiere durchschnittlich im Haushalt eines Viertklässlers ihrer Schule sind. Sie legten dann eine Tabelle an.

Klasse	Hunde	Katzen	Hamster	Vögel	Fische
4 a	3	4	2	10	36
4 b	9	5	2	4	110
4 c	6	6	8	1	376
Durchschnittsrechnung	3 + 9 + 6 = 18 18 : 3 = 6	4 + 5 + 6 = 15 15 : 3 = 5			
durchschnittliche Anzahl der Tiere	6	5	4		

Ich nutze mein Lexikon!

Grundwissen Mathematik

a) Finde heraus, wie die Kinder die durchschnittliche Anzahl der Hunde und die durchschnittliche Anzahl der Katzen berechnet haben! Ergänze die Durchschnittsberechnung für die Hamster!

b) Berechne für die Kinder aller 4. Klassen der Schule die durchschnittliche Anzahl aller Vögel und die durchschnittliche Anzahl aller Fische!

2 Addiere die fünf Zahlen! Dividiere dann die Summe durch 5!

a)	b)	c)	d)	e)
123	234	345	1 210	871
124	235	355	2 214	904
125	236	365	3 218	1 002
126	237	375	4 222	963
127	238	385	5 226	1 015

f) Erfinde selbst eine solche Aufgabe!

Was fällt dir auf?

3 Wähle drei verschiedene Zahlen zwischen 0 und 9 aus!
Bilde aus diesen Zahlen alle möglichen dreistelligen Zahlen!
Addiere alle dreistelligen Zahlen! Dividiere dann die Summe durch 6!
Was fällt dir auf? Probiere mit verschiedenen Zahlen!

4 Findet in der Tageszeitung Angaben zum Durchschnitt!
Stellt diese Angaben in der Klasse vor und sprecht darüber!

5

3 · 8 · 5	6 · 10 · 7	4 · 8 · 12	4 · 21 · 5	17 · 14 · 0	68 · 10 · 2
7 · 3 · 9	100 · 4 · 8	13 · 5 · 4	5 · 33 · 4	10 · 40 · 1	86 · 20 · 0

CXX

1 a) *anhand der vorgegebenen Beispiele das Vorgehen beim Bestimmen eines Durchschnittes erklären und fehlende Durchschnittswerte ermitteln*

1 b)–2 *Aufgaben selbstständig lösen*
3 *mit Hilfe der Durchschnittsrechnungen besondere Teilbarkeitsbeziehungen entdecken*

120   → **AH** S.59   → **ÜH** S.58–59

1

Was geschieht durchschnittlich in einer Woche?

Lea beobachtet eine Woche lang, wie viel Zeit sie für die Hausaufgaben benötigt:

Mo	Di	Mi	Do	Fr
40 min	35 min	50 min	45 min	20 min

a) Berechne Leas durchschnittliche Hausaufgabenzeit pro Tag!

b) Paul erzählt: „Ich bin in meinem Schwimmverein am Montag 2 h 10 min geschwommen, am Mittwoch 1 h 50 min und am Freitag 2 h 15 min."
Wie viel Minuten ist Paul durchschnittlich an den 3 Tagen geschwommen?

2 Fatima erforscht die Schüleranzahl ihrer Schule. Berechne die durchschnittliche Anzahl der Kinder in jeder Klassenstufe!

Klassenstufe	1	2	3	4
Anzahl	46	49	51	54

3

Wetterlage	6. Juli bis 11. Juli					
	Di	Mi	Do	Fr	Sa	So
Heute wieder heiß und sehr sonnig.	28 / 16	24 / 14	25 / 13	26 / 14	24 / 14	23 / 13

a) Berechne die durchschnittliche Tageshöchsttemperatur dieser Woche!

b) Berechne den Durchschnitt der angegebenen Nachttemperaturen!

c) Notiere eine Woche lang die Tageshöchsttemperaturen und berechne den Durchschnitt dieser Temperaturen!

Woher könnten die Maße stammen?

4 Berechne jeweils den Durchschnitt!

a)	b)	c)	d)	e)
1,51 m	0,65 m	44,3 kg	9 Jahre	1,85 l
1,49 m	0,64 m	41,5 kg	10 Jahre	2,25 l
1,47 m	0,68 m	48,7 kg	10 Jahre	2,10 l
1,53 m	0,67 m	39,5 kg	8 Jahre	2,00 l
1,50 m	0,66 m	40,5 kg	11 Jahre	2,05 l

5 Erkunde selbst Angaben wie in den Aufgaben 1 bis 5!
Berechne dazu den Durchschnitt!

6 a) Wie hat Lea den Würfel gekippt?   b) Wie hat Finn den Würfel gekippt?

1–3 *Texte und Tabellen lesen, über die Zahlenangaben gemeinsam sprechen und dann die Aufgaben selbst-ständig lösen*

4 *Größenangaben passenden Maßen aus dem eigenen All-tagsleben zuordnen, jeweilige Durchschnittswerte ermitteln und hierüber auch unter Einbeziehung eigener Vergleichs-werte sprechen*

→ AH S.59   → ÜH S.59

Rechengesetze beim Multiplizieren und Dividieren

1 Immer 2 Aufgaben haben gleiche Produkte!
Finde sie und begründe, warum das so ist!

3 000 · 4	2 · 4 200	70 · 60
500 · 5	5 · 5 000	80 · 90
4 200 · 2	5 · 500	60 · 70
5 000 · 5	4 · 3 000	90 · 80

2 Ergänze jeweils 3 Aufgaben mit anderen Zahlen!
Die Produkte sollen gleich bleiben.

a) 32 · 50
16 · 100
8 · 200
⋮

b) 96 · 70
48 · 140
24 · 280
⋮

c) 243 · 2
81 · 6
27 · 18
⋮

3 Ergänze jeweils 2 Aufgaben mit anderen Zahlen!
Die Quotienten sollen gleich bleiben.

a) 15 : 1
150 : 10
1 500 : 100
⋮

b) 24 : 2
48 : 4
72 : 6
⋮

c) 12 : 3
24 : 6
36 : 9
⋮

4 Rechne! Achte auf 0 und 1!

a) 235 · 0
680 · 1
0 · 99
1 · 78
11 · 11

b) 864 : 1
709 : 0
0 : 35
26 : 26
600 : 10

c) 49 · 1
357 : 0
0 · 82
444 : 1
58 : 58

5 Nutze Rechengesetze und rechne geschickt!

a) 80 · 120
17 · 60
60 · 17
120 · 80

b) 920 · 2
460 · 4
230 · 8
115 · 16

c) 6 000 : 60
3 000 : 30
1 500 : 15
500 : 5

d) 4 231 : 7
9 977 · 0
2 302 : 0
4 570 · 1

e) 0 : 7
152 · 0
66 : 66
1 · 808

6 Gib für das Werfen einer Münze ein unmögliches
(ein sicheres, ein mögliches, aber nicht sicheres) Ergebnis an!

Erkläre die Beispielaufgaben
und ergänze die Regeln!

1.  } 2 · 4

4 · 2

Wenn man die Faktoren
vertauscht, dann …

2. 4 · 6 = ☐   3 · 12 = ☐
8 · 3 = ☐   6 · 6 = ☐

Das Produkt bleibt gleich,
wenn …

3. 8 : 2 = ☐   9 : 3 = ☐
16 : 4 = ☐   27 : 9 = ☐

Der Quotient bleibt gleich,
wenn …

4. 7 · 1 = ☐   9 : 1 = ☐   0 : 6 = ☐
0 · 7 = ☐   9 : 9 = ☐   6 : 0 = ☐

• Wenn ein Faktor 1 ist, dann …
• Wenn ein Faktor 0 ist, dann …
• Wenn man eine Zahl
  durch 1 teilt, dann …
• 0 geteilt durch eine Zahl …
• Durch 0 teilen ist …

1–4 *Rechengesetze und Zahlbeziehungen erkennen und
diese beim Lösen der Aufgaben nutzen, mit Hilfe des
Merkkastens Rechengesetze erklären*

5 *Rechengesetze geschickt beim Lösen der Aufgaben
anwenden*

→ AH S.60

1

Findet Rechentricks für jede Aufgabe!

6 200 : 10	84 · 25	8 · 25
6 200 : 100	240 : 5	32 · 25

Nutzt die Tipps von Seite 18!

2 Die Kinder der Klasse 4 b entdeckten diese Tricks:

Finn:

| 6 2 0 0 | : | 1 0 | = 6 2 0 |
| 6 2 0 0 | : 1 0 0 | = | 6 2 |

Mia:

8 4	·	5	= 4 2 0
↓ :2	↓ ·2		
4 2	· 1 0	= 4 2 0	

Leon:

8 4	·	5	= 4 2 0
8 4	· 1 0	= 8 4 0	
8 4 0	:	2	= 4 2 0

Hanna:

2 4 0	:	5	= 4 8
2 4 0	: 1 0	= 2 4	
2 4	·	2	= 4 8

Max:

2 4 0	:	5	= 4 8
↓ ·2	↓ ·2		
4 8 0	: 1 0	= 4 8	

Emma:

3 2	· 2 5	
↓ ·100		
3 2 0 0	: 4	= 8 0 0

Tim:

8	· 2 5	= 2 0 0
↓	↓	
→ 4	· 5 0	= 2 0 0

Lea:

| 8 | · 2 5 | |
| 8 0 0 | : 4 | = 2 0 0 |

Ben:

3 2	·	2 5	
↓		↓	
= 1 6	·	5 0	
↓		↓	
=	8	· 1 0 0	= 8 0 0

Beschreibt die Tricks der Kinder, vergleicht sie und begründet jeweils die Rechenschritte!

3 Rechne! Nutze die Tricks und versuche immer im Kopf zu rechnen!

a)	b)	c)	d)	e)
790 : 10	22 · 5	160 : 5	6 · 25	700 · 10
8 200 : 100	34 · 5	230 : 5	16 · 25	72 · 5
3 570 : 10	110 · 5	680 : 5	44 · 25	1 700 : 100
4 000 : 100	230 · 5	1 400 : 5	28 · 25	170 : 5
9 900 : 100	464 · 5	2 520 : 5	92 · 25	36 · 25

4 Lisa wendet beim Multiplizieren mit 11 einen Trick an:

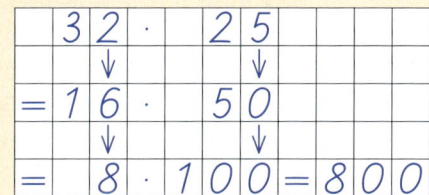

1 1 · 1 5	1 1 · 2 9
1 (1+5) 5	2 (2+9) 9
1 6 5	3 1 9

a) Beschreibe und begründe Lisas Trick!

b) Rechne wie Lisa!

| 11 · 13 | 21 · 11 | 11 · 32 | 46 · 11 |
| 11 · 12 | 24 · 11 | 35 · 11 | 11 · 48 |

---

1 Rechentricks für die vorgegebenen Aufgaben unter Nutzung der Tipps für Rechenkonferenzen entdecken

2 verschiedene Rechenwege beschreiben und begründen

3 Aufgaben selbstständig lösen, dabei Rechentricks flexibel anwenden

CXXIII

Vergrößern und Verkleinern

1 **a)** Was sagst du dazu?

b) Sammelt Bilder, auf denen etwas vergrößert oder verkleinert dargestellt ist!

c) Vergleicht immer die Größe auf dem Bild und die Größe in Wirklichkeit!

2 **a)** Falte und schneide Blätter aus der Zettelbox so! Lege Figuren mit diesen Umrissen!

b) Wie viele Rechtecke benötigst du für jede Figur mindestens?

c) Vergrößere die Figuren durch Anlegen weiterer Rechtecke! Wie viele Rechtecke benötigst du insgesamt?

d) Zeichne deine Lösungen verkleinert auf Karopapier!

Für jedes Rechteck zwei Kästchen.

e) Vergleiche immer Umfang und Flächeninhalt der Ausgangsfigur und der vergrößerten Figur!

3 **a)** Die Kinder der Klasse 4a haben Figuren gelegt, aufgeklebt und gezeichnet! Beschreibe!

 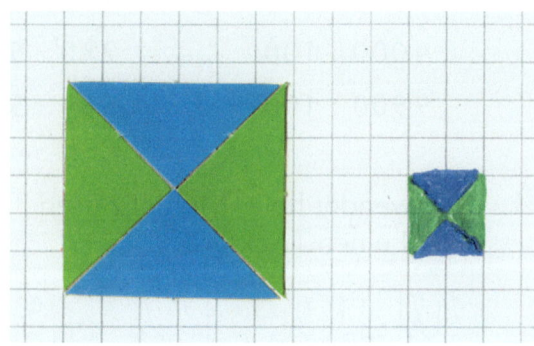

b) Lege und zeichne eigene Figuren jeweils vergrößert und verkleinert auf!

Maßstäbe

1 **a)** Lisa, Paul und Tim haben ihre Kinderzimmer gezeichnet. Vergleiche!

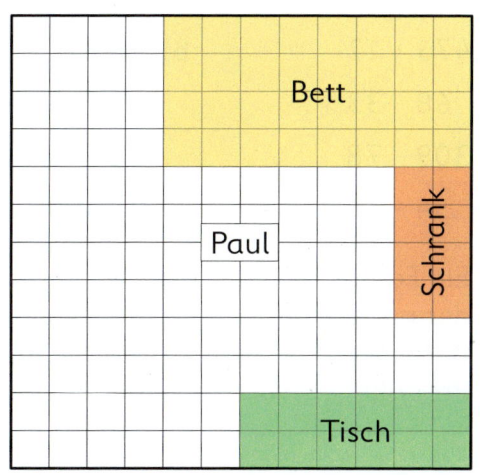

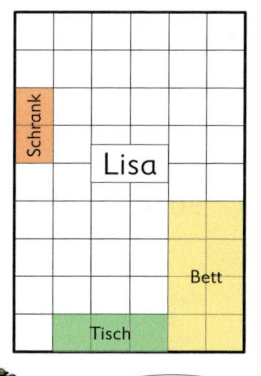

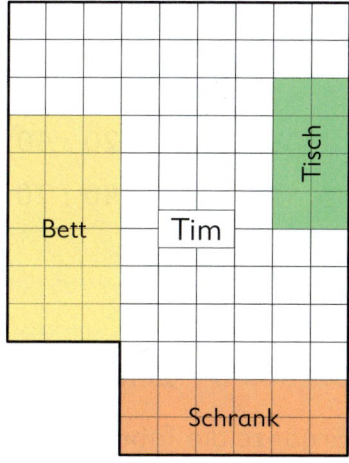

Mein Zimmer ist am größten.

b) Was sagst du zu Pauls Behauptung?

c) Wie können die Kinder die Größe der Zimmer vergleichen?

d) Paul und Lisa haben die Länge des Bettes auf 2 m gerundet. In welchem Maßstab haben Paul und Lisa ihr Zimmer gezeichnet?

e) Zeichne dein Zimmer im Maßstab 1:100!

> Der Maßstab gibt an, wie viel Mal etwas vergrößert oder verkleinert wurde.
>
> Beispiel:
> 1:100 (lies: 1 zu 100) bedeutet:
> 1 cm im Bild sind 100 cm in Wirklichkeit.

2 Die Karte zeigt einen Ausschnitt von Saßnitz im Maßstab 1:500 000.

a) Zeige Museen der Stadt Saßnitz, die auf der Karte etwa 1 cm voneinander entfernt sind!

b) Wie viel Meter sind sie in Wirklichkeit voneinander entfernt?

c) Finde Punkte auf der Karte und berechne, wie weit sie wirklich voneinander entfernt sind!

3 Bringt Stadtpläne und Landkarten in verschiedenen Maßstäben mit! Erkundet, wie weit die Orte auf der Karte in Wirklichkeit voneinander entfernt sind!

---

1 anhand der Zeichnungen Vergrößerungen bzw. Verkleinerungen erkennen, Begriff Maßstab mit Hilfe des Merkkastens erklären und anschließend Zimmergrößen korrekt vergleichen

2/3 jeweilige Maßstäbe mit den entsprechenden Umrechnungen klären und dann einfache Maßstabsberechnungen durchführen

Üben von Station zu Station

Station 1 Kopfrechnen

a) $8 \cdot 6$
   $3 \cdot 9$
   $36 \cdot 2$
   $52 \cdot 5$

b) $42 : 7$
   $81 : 9$
   $320 : 10$
   $440 : 20$

c) $2 \cdot 3 \cdot 4 \cdot 5$
   $7\,700 : 70$
   $8 \cdot 120 + 800$
   $900 : 90 - 9 + 99$

Station 2 Schriftliches Rechnen

a) $473 \cdot 12$
   $68 \cdot 33$
   $309 \cdot 78$
   $54 \cdot 56$

b) $8\,712 : 3$
   $6\,048 : 8$
   $62\,616 : 6$
   $78\,491 : 7$

c) Ein Faktor ist 85, der andere 58. Berechne das Produkt!

d) Der Dividend ist der Nachfolger von 1000, der Divisor ist 7.

Station 3 Zeitberechnungen

Ergänze die Tabelle im Heft!

Abfahrt	Fahrtzeit	Ankunft
8:11 Uhr		8:46 Uhr
8:25 Uhr		9:02 Uhr
9:03 Uhr	$\frac{1}{2}$ h	
9:37 Uhr	52 min	
	1 h 10 min	11:19 Uhr
	84 min	11:26 Uhr
10:18 Uhr		13:07 Uhr

Suche dir Stationen aus!

Station 4 Bauen mit Bausteinen

Welche und wie viele Bausteine berührt jeder Baustein?

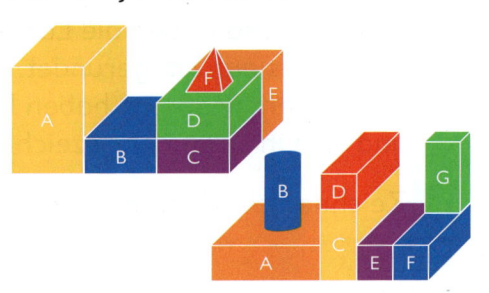

Station 5 Vierecke

1 a) Welche Vierecksarten erkennst du?

b) Ist die Figur achsen- oder drehsymmetrisch? Begründe!

2 Zeichne frei Hand

a) ein Rechteck, in dem eine Seite halb so lang wie eine andere ist,

b) ein Parallelogramm mit einem rechten Winkel!

Station 6 Durchschnittsberechnungen

Berechne jeweils den Durchschnittswert!

a) 1,48 m, 1,51 m, 1,47 m, 1,50 m

b) 34 kg, 33 kg 29 kg, 30 kg

c) 22, 20, 19, 23

Station 7 Aufgaben mit Klammern

a) $(75 + 31) \cdot 6$
   $12 \cdot (838 - 257)$
   $(909 - 98) \cdot 7$
   $22 \cdot (4\,207 - 69)$
   $(371 + 2\,004) \cdot 8$

b) $984 : (45 - 37)$
   $(279 + 851) : 10$
   $(879 - 257) : 5$
   $1\,403 : (98 - 89)$
   $(27 + 78) : (54 - 47)$

Aufgaben der Übungsstationen von Kindern selbst auswählen und lösen oder alle Übungsstationen von jedem Kind nacheinander bearbeiten lassen, eine weitere Übungsstation mit selbst gewählten Aufgaben ergänzen

→ AH S.62–63

Aus der Knobelkiste

1 Ergänze $+$, $-$, $\cdot$ oder $:$!

$12 \bigcirc 11 = 73 \bigcirc 59$ $\quad$ $4 \bigcirc 4 \bigcirc 8 = 3 \bigcirc 8$

$28 \bigcirc 3 = 90 \bigcirc 6$ $\quad$ $2 \bigcirc 3 \bigcirc 4 = 46 \bigcirc 22$

$60 \bigcirc 4 = 105 \bigcirc 7$ $\quad$ $7 \bigcirc 5 \bigcirc 9 = 13 \bigcirc 2$

$93 \bigcirc 65 = 115 \bigcirc 87$ $\quad$ $9 \bigcirc 3 \bigcirc 6 = 99 \bigcirc 11$

2 Gärtner Runge legt ein rechteckiges Blumenbeet an. In 6 Reihen will er jeweils 8 Stiefmütterchen pflanzen. Am äußeren Rand will Herr Runge ringsherum blaue Stiefmütterchen pflanzen. Wie viele blaue Stiefmütterchen braucht er dafür?

3 In einem Stall sind 25 Tiere, und zwar Hühner und Kaninchen. Tim zählt die Beine. Insgesamt sind es 64 Beine. Wie viele Hühner und wie viele Kaninchen könnten im Stall sein?

4 Wie viele Dreiecke sind es?

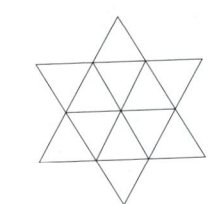

5 Setze Zahlen so ein, dass richtig gelöste Aufgaben entstehen! Tipp: Gleiche Zeichen bedeuten gleiche Zahlen.

a)
🔴 $+$ 🟦 $=$ 🔺

🔺 $\cdot$ 3 🔴

🔴 $-$ 🟦 $\cdot$ 20

b)
🟩 $:$ 🟩 $=$ 🔻

🔻 $+$ 🟡 $=$ 🟦

🟦 $-$ 🟩 $=$ 4

6 Finn, Mark, Leon und Tim haben Erdbeeren gesammelt und wiegen nun ihre Körbe. Leons Korb ist leichter als Marks, aber schwerer als Tims Korb. Marks Korb ist leichter als Finns Korb. Ordne die Körbe nach dem Gewicht!

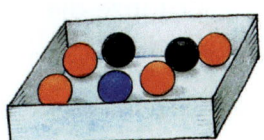

7 Stell dir vor, du nimmst mit geschlossenen Augen 2 Kugeln aus der Kiste.

In wie vielen von wie vielen Fällen sind:

A: beide Kugeln rot,

B: eine Kugel rot und eine schwarz,

C: beide Kugeln verschiedenfarbig,

D: beide Kugeln blau?

8 Ergänze zu Zauberdreiecken!

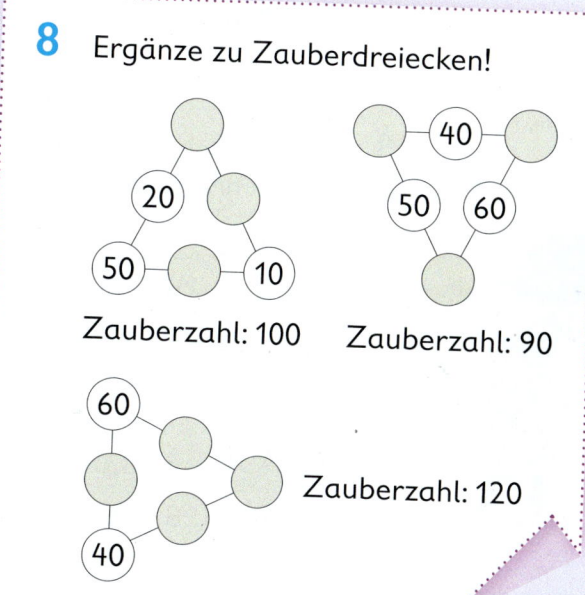

Zauberzahl: 100 $\qquad$ Zauberzahl: 90

Zauberzahl: 120

1–8 *Knobelaufgaben durch Probieren, Nutzen von Zahlbeziehungen, durch Legen, Nachbauen, mit Hilfe von Tabellen u. Ä. lösen, dabei auch* $\qquad$ *über verschiedene Lösungen zur Aufgabe 2 sprechen*

→ AH S. 62–63 $\qquad$

Das kann ich schon! Multiplizieren und Dividieren

Multiplizieren 1

a) Rechne mündlich!

4 · 300

30 · 800

400 · 2 000

6 · 410

3 · 5 600

b) Rechne! Setze so fort!

800 · 20

800 · 40

800 · 60

⋮

Was stellst du fest?

c) Mit welchen Faktoren kannst du das Produkt 100 000 erhalten? Bilde Rechenmuster und begründe!

Faktor mal …

2

a) Überschlage zuerst! Rechne schriftlich!

6 478 · 8   1 471 · 47

4 985 · 7   2 063 · 16

8 037 · 6   4 342 · 59

942 · 36   10,08 € · 25

809 · 87   8,60 € · 12

651 · 13   0,78 m · 26

b) Rechne! Setze fort!

425 · 96

850 · 48

1 700 · 24

⋮

Was stellst du fest? Denke dir auch solche Aufgaben aus und rechne!

c) Ergänze die Rechenregel!

Das Produkt bleibt gleich, wenn …

Ergänze passende Aufgaben!

64 · 72

⋮

Dividieren 3

a) Rechne mündlich!

63 000 : 700

28 000 : 4

7 200 : 80

2 400 : 200

40 800 : 400

b) Rechne! Setze fort!

48 000 : 20

50 000 : 20

52 000 : 20

⋮

Was stellst du fest?

c) Der Quotient ist 6 000. Welche Dividenden und Divisoren findest du? Bilde Rechenmuster und begründe!

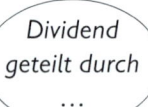
Dividend geteilt durch …

4

a) Überschlage zuerst! Rechne schriftlich!

676 : 4   396 : 5

414 : 9   685 : 7

4 578 : 7   3 814 : 3

5 724 : 6   2 426 : 9

11,40 € : 6   3,840 kg : 4

216,40 € : 8   38,4 km : 3

b) Rechne! Setze fort!

1 506 : 2

3 012 : 4

6 024 : 8

⋮

Was stellst du fest? Denke dir auch solche Aufgaben aus und rechne!

c) Ergänze die Rechenregel!

Der Quotient bleibt gleich, wenn …

Ergänze passende Aufgaben!

1 448 : 8

⋮

erreichten Lernstand gemäß den Anforderungsbereichen der Bildungsstandards erfassen (**a**) entsprechen immer dem Anforderungsbereich I – Reproduzieren, **b**) stets dem Anforderungsbereich II – Zusammenhänge erkennen, **c**) dem Anforderungsbereich III – Verallgemeinern, Begründen)

Aufgaben mit verschiedenen Rechenarten

Denke an die Regeln!

5

a) Rechne!

4 200 : 6 + 300

300 + 4 200 : 6

(300 + 4 200) : 6

(7 500 − 5 400) : 6

(61 000 − 5 000) : 70

30 · (90 + 60)

600 · 30 + 1 800

b) Rechne! Setze fort!

1 · 7 + 1

12 · 7 + 2

123 · 7 + 3

⋮

(41 000 − 100) : 4

(42 000 − 200) : 40

(43 000 − 300) : 400

⋮

c) Rechne und erfinde zu jeder Aufgabe eine Rechengeschichte!

126 · 9 − 2

126 · (9 − 2)

126 : 9 − 2

126 : (9 − 2)

Einheiten der Zeit

6

a) Wandle um!

Tage	Stunden
3	
	240
80	
	2160

b) Bilde Paare!

ein Wochenende

1008 h

2700 s

2880 min

$\frac{3}{4}$ h

6 Wochen

c) Wenn du heute starten würdest, an welchem Tag würdest du ankommen? Stelle weitere Fragen! Rechne!

Sachaufgaben

7

a) Flugangaben zu Bienen

Eine Biene fliegt in einer Sekunde 8 m weit und macht dabei etwa 245 Flügelschläge.

Zeit	Flug-strecke	Flügel-schläge
1 s		
1 min		
1 h		

Rechne!

b) Tragzeiten dauern bei Tieren unterschiedlich lange, z. B. bei:

Elefanten ≈ 21 Mon.
Tigern ≈ 110 Tage
Giraffen ≈ 15 Mon.

Stelle Fragen! Rechne! Lege auch eine Tabelle oder ein Diagramm an!

c) Kann das sein?

ZAHL DES TAGES
32 000 000
Vermehren sich ein Katzenpaar und alle seine Nachkommen mit jährlich einem Wurf von sechs Kätzchen, sind aus zwei Katzen nach zehn Jahren 32 000 000 geworden.

Begründe!

Daten und Zufall

8 Paul würfelt mit zwei Würfeln und rechnet ⊕, ⊖, ⊙ oder ⊘.

a) Gib 5 mögliche Ergebniszahlen an!

b) Gib eine unmögliche Ergebniszahl, die kleiner als 20 ist, an!

c) Gib alle möglichen Ergebniszahlen an! Welche Ergebniszahl kommt am häufigsten vor?

---

*erreichten Lernstand gemäß den Anforderungsbereichen der Bildungsstandards erfassen (**a**) entsprechen immer dem Anforderungsbereich I – Reproduzieren, **b**) stets dem Anforderungsbereich II – Zusammenhänge erkennen, **c**) dem Anforderungsbereich III – Verallgemeinern, Begründen)*

→ **AH** S.62–63 → **ÜH** S.60

Projekte, Übungen, Prüfstationen

Alle 4 Rechenarten

1 Ordne zu und rechne!

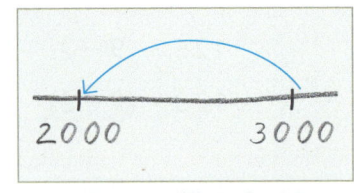   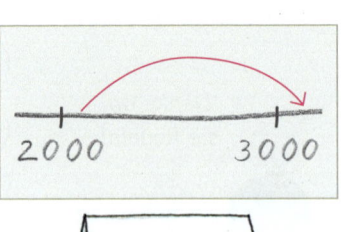

2115 + 1009   210 · 3   3 025 − 1001   390 : 3

2 Rechne! Überlege bei jeder Aufgabe, ob du günstiger mündlich oder schriftlich rechnest!

a) $1\,230 + 3\,250$ b) $3\,500 - 499$ c) $85 \cdot 13$ d) $7\,916 : 4$ e) $2\,050 + 333 \cdot \quad 4$

    $8\,915 + \quad 427$ $7\,436 - 2\,847$ $90 \cdot 25$ $4\,824 : 3$ $3\,875 : \quad 5 - 679$

    $98 + 5\,671$ $9\,028 - \quad 628$ $37 \cdot 11$ $3\,097 : 9$ $360 \cdot \quad 24 - 497$

3 <, > oder =? Überlege jeweils vorher, ob du rechnen musst!

a) $4\,372 + 2\,580 \bigcirc 2\,580 + 4\,373$ b) $24 \cdot 21 \bigcirc 8 \cdot 63$ c) $5 + 35 : 7 \bigcirc 6 + 1$

    $3\,605 - \quad 592 \bigcirc 3\,606 - \quad 593$ $728 : 2 \bigcirc 364 : 10$ $87 : 3 + 75 \bigcirc 9 \cdot 9$

    $5\,198 + 7\,613 \bigcirc 1\,898 + 9\,972$ $17 \cdot 31 \bigcirc 948 : 4$ $94 + 90 \cdot 5 \bigcirc 90 \cdot 6$

4 Ergänze $\oplus$, $\ominus$, $\odot$ oder $\oslash$!

a) $80 \bigcirc 70 = 5\,930 \bigcirc 330$ b) $4\,215 \bigcirc 5 = 6\,177 \bigcirc 4\,331$ c) $20 \bigcirc 607 = 37 \bigcirc 47$

    $604 \bigcirc 92 = 136 \bigcirc 6$ $170 \bigcirc 3 = 1\,111 \bigcirc 601$ $440 \bigcirc 1\,802 = 81 \bigcirc 73$

    $912 \bigcirc 8 = 898 \bigcirc 784$ $3\,252 \bigcirc 4 = 3\,252 \bigcirc 2\,439$ $90 \bigcirc 503 = 78 \bigcirc 67$

5 a) Welche Zahlen sind es?

> Der 7. Teil meiner Zahl ist 93.
> Lucca

> Meine Zahl ist die Hälfte der Differenz aus 5 555 und 3 333.
> Fin

> Der Minuend ist 3 456 und die Differenz 654. Wie heißt der Subtrahend?
> Lena

> Das Produkt von drei aufeinander folgenden Zahlen ist 2 222.
> Ben

> Der Dividend ist 8 820 und der Divisor 9. Welche Zahl ist der Quotient?
> Anna

> Meine Zahl ist die Summe aller geraden Zahlen zwischen 111 und 119.
> Mia

b) Bildet selbst solche Rechenrätsel und löst sie!

CXXX

1–4 Aufgaben selbstständig lösen, dabei eigenständig über das Aufschreiben von Zwischenschritten, die Wahl von Lernmitteln entscheiden

5 Texte lesen, sie in passende Aufgaben übersetzen und diese lösen

130   → AH S.64   → ÜH S.61

Auf Fehlersuche

1 **a)** Mia, Lena, Finn und Max haben beim Rechnen einige Fehler gemacht. Finde und berichtige sie!

Mia:

```
  1 8 2 9      7 0 3 1      3 5 0 2
+ 4 6 5 0    + 4 9 2 5    +   3 6 1
  6 4 7 0      2 0 0 6    + 5 1 7 8
                            8 9 4 1
```

Finn:

```
8 7 · 2 6    4 0 · 3 7    6 1 7 · 8
  1 7 4        1 2 0        4 9 2 6
  4 4 2        2 8 7
2 1 8 2      1 4 8 7
```

Aus Fehlern kann man lernen!

Max:

```
7 1 6 4 : 9 = 7 8 6
6 3
    8 6
    8 1
      5 4
      5 4
        0
```

Lena:

```
7 0 7 : 7 = 1 1        4 7 · 4 = 1 8 8
4 4 8 : 8 = 5 6        9 2 · 6 = 5 4 2
3 6 5 : 5 = 6 3        8 1 · 9 = 8 1 9

2 4 0 - 4 0 · 3 = 6 0 0
3 7 5 + 1 5 : 5 =     7 8
6 0 0 : 4 + 6 0 = 2 1 0
```

b) Sprecht darüber, warum die Fehler passiert sein könnten und warum auch ihr manchmal Fehler macht!

---

2 Immer eine Zahl in den Zahlenfolgen ist falsch. Finde sie und berichtige!

a) 1001, 2013, 3025, 4038, 5049

b) 2876, 3765, 4643, 5643, 6432

c) 8089, 7078, 6067, 5045, 4045

d) 6270, 5860, 5250, 4740, 4230

e) 2360, 2960, 2760, 3360, 3260

f) 5165, 5095, 5495, 5425, 5625

---

3 **a)** Was stimmt hier nicht?

> Jede Zahl hat genau einen Nachfolger und einen Vorgänger.
> *Luca*

> Wenn man die Seite eines Quadrates verdoppelt, dann verdoppelt sich auch die Fläche des Quadrates.
> *Emma*

> Wenn in einem Viereck zwei Seiten parallel zueinander sind, dann ist es immer ein Parallelogramm.
> *Hanna*

> Wenn in einem Jahr der 24. Dezember auf einen Montag fällt, dann fällt er im nachfolgenden Jahr auf einen Dienstag.
> *Leon*

b) Denkt euch auch fehlerhafte Rechenrätsel aus und stellt sie euch gegenseitig!

1–3 Fehler beim Rechnen, in den Zahlenfolgen und Sachtexten selbstständig finden, analysieren und berichtigen, über mögliche Fehlerursachen gemeinsam sprechen

→ AH S.64   → ÜH S.61

Römische Zahlzeichen

1 In Europa verwendeten die Menschen bis vor etwa 600 Jahren hauptsächlich römische Zahlzeichen. Noch heute findest du sie an Gebäuden oder auf Uhren.

a) Welche Zahlen könnten es auf den Fotos sein?

b) Was bedeuten die Zahlen jeweils?

c) Wo findet ihr in eurer Umgebung römische Zahlen?

2 a) Erforscht das System der römischen Zahlen! Nutzt dazu die beiden Tabellen und Regeln!

Römische Zahl	Zusammensetzung der Zahl
I	1
II	1 + 1
III	1 + 1 + 1
IV	5 − 1
V	5
VI	5 + 1

Zeichen	Zahlenwert
I	1
V	5
X	10
L	50
C	100
D	500
M	1000

Regeln für das Schreiben der Zahlen:

1. Bei verschiedenen Zeichen steht das Zeichen mit dem größeren Wert immer weiter links. Ausnahmen:
Bei 4, 9, 40, 90, … steht das um 1, 10, … kleinere Zeichen links und die kleinere Zahl wird von der größeren subtrahiert
Beispiele: IV: 5 − 1, XL: 50 − 10

2. Die Zeichen I, X, C und M werden höchstens dreimal hintereinander geschrieben.

3. Die Zeichen V, L und D werden bei einer Zahl höchstens einmal verwendet.

Und wo ist das Zeichen für die Null?

b) Schreibt alle römischen Zahlen bis 20!

CXXXII

1 Text lesen, über ihn und die Zahlenangaben auf den Fotos auch unter Einbeziehung eigener Alltagserfahrungen gemeinsam sprechen

2 das System der römischen Zahlen mit Hilfe Buchabbildungen und ggf. des Lexikons „Grundwissen Mathematik" erforschen

→ **AH** S.65

1 Schreibe als römische Zahlen:

a) alle Zahlen von 20 bis 30,

b) alle Zehnerzahlen bis 100,

c) 41, 53, 111, 115, 600,

d) dein Geburtsjahr,

e) das heutige Datum,

f) 49, 98, 99, 139, 148, 149!

Beachte:

I, X oder C darf immer nur vor dem Fünf- oder Zehnfachen subtrahiert werden!
Beispiel:
XC = 90, aber nicht: IC = 99!

2 Übersetze in unser Zahlsystem:

a) XXXIII, LI, XLI, LXII, LXV, CI, CV, CXXV

b) DC, DCII, DCXXIII, DCCXIII,

c) MC, MX, MDCL, MDCIXVI, MMIII, MMC

d) MMIII, MMIX, MMC, MMCC, MMD!

3 Rechnet! Ihr könnt auch ein Rechentuch oder Rechenbrett nutzen.

a) V + III
IV + IV
X + VII
XX + XXI

b) VIII − III
XI − V
XXIV − XV
L − XXX

c) III · III
C · II
LX · IV

d) XV : III
XXX : III
CLX : X

e) Vergleicht das römische Zahlsystem mit unserem heutigen Zahlsystem! Welche Vorteile hat unser Zahlsystem?

Zum Darstellen von Zahlen und zum Rechnen nutzten die Römer

– ein Rechentuch (oder Rechenbrett), auf das sie Steinchen legten:

Darstellung der Zahl 218

– einen Abakus:

Darstellung der Zahl 218

⊖ steht für 1 Zwölftel.

4 Mit römischen Zahlzeichen kann man viele Knobelaufgaben bilden:

a) Lege immer ein Stäbchen so um, dass richtig gelöste Aufgaben entstehen!

$$V + IV = XI$$
$$IX - I = IX$$

b) Lege immer zwei Stäbchen dazu, damit richtig gelöste Aufgaben entstehen!

$$XV + V = XXII$$
$$XVI - I = X$$

c) Bilde selbst solche Stäbchenknobeleien!

1–3 *Aufgaben mit Hilfe der neben stehenden Tipps lösen, Selbstkontrollmöglichkeiten für Lösungszahlen überlegen und nutzen*

4 *Vorteile unseres Zahlsystems gemeinsam zusammentragen und beispielhaft erläutern*

5 *Aufgaben mit Hilfe von Stäbchen oder zeichnerisch lösen*

CXXXIII

Zufallsexperimente

1 Experiment: Glückskreisel drehen

a) Bastelt aus Pappkarton und einem Stäbchen einen 8-eckigen Glückskreisel! Bezeichnet die Kreiselteile wie im nebenstehenden Bild mit den Zahlen von 1 bis 8!

b) Stellt euch vor, ihr dreht den Kreisel 30-mal. Was vermutet ihr? Welches der folgenden Ereignisse A, B, C oder D tritt:

- immer,
- sehr häufig,
- häufig,
- selten,
- gar nicht
auf?

| A eine gerade Zahl | B eine Zahl, die kleiner als 9 ist | C die Zahl 4 | D eine Zahl, die größer als 2 ist |

c) Führt das Experiment durch und notiert eure Ergebnisse in einer Tabelle!

d) Vergleicht und begründet, ob ihr richtig vermutet habt!

e) Nennt ein anderes Ereignis, das wahrscheinlich genau so häufig eintritt wie das Ereignis C!

Ereignis	Anzahl
A	
B	
C	
D	

2 Experiment: Würfelnetze erkunden

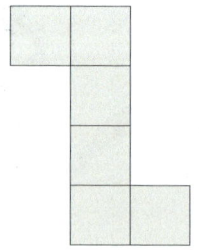

a) Vermute:
Wie kannst du das Würfelnetz färben, damit beim Würfeln
- eine rote Fläche oben wahrscheinlicher ist als eine blaue,
- eine blaue Fläche oben wahrscheinlicher ist als eine rote,
- eine rote oder blaue Fläche mit gleichen Chancen oben liegt?

b) Bastelt verschiedene Würfel und führt das Experiment 20-mal mit jedem Würfel durch! Notiert die eingetretenen Ereignisse!

c) Vergleicht und begründet, ob ihr richtig vermutet habt!

d) Lars behauptet:
Für jeden der 3 Fälle gibt es verschiedene Lösungen. Hat Lars Recht? Begründet!

3

$27 + 3 \cdot 15$	$150 : 3 + 47$	$270 - 70 : 5$	$19 \cdot 9 + 19$	$98 - 11 + 11$
$68 - 8 \cdot 6$	$640 : 4 - 44$	$270 : 5 - 7$	$21 \cdot 9 - 19$	$11 \cdot 11 - 98$

CXXXIV

1/2 Experiment jeweils zunächst gemeinsam besprechen, Vermutungen äußern und begründen, dann jeweils das Experiment zu zweit oder in Kleingruppen durchführen, Ergebnisse darstellen und gemeinsam auswerten

134   → AH S.66   → ÜH S.62–63

1 Experiment: Kugeln ziehen „2 aus 4"

a) Legt vier Kugeln mit den Zahlen 1, 2, 3 und 4 in eine Schale!

b) Stellt euch vor: Ihr zieht immer 2 Kugeln. Dann notiert ihr das Ereignis in eine Liste und legt die Kugeln wieder zurück. Welches der Ereignisse A, B oder C wird am häufigsten auftreten, wenn ihr das Experiment 30-mal durchführt? Stellt eine Vermutung auf und begründet sie!

> **A**
> Es sind zwei gerade Zahlen.

> **B**
> Es sind zwei ungerade Zahlen.

> **C**
> Es sind eine gerade und eine ungerade Zahl.

Du kannst eine 1, 2, 3 oder eine 4 ziehen.

Ereignis	Anzahl
A	
B	
C	

c) Führt nun das Experiment durch!

d) Vergleicht und begründet, ob ihr richtig vermutet habt!

e) Welche verschiedenen Ereignisse sind bei diesem Experiment möglich?

f) Vergleicht mit euren Ergebnissen! Was stellt ihr fest?

2 Experiment: Summen bilden bei „2 aus 4"

a) Was vermutet ihr?
Ihr bildet aus den 2 gezogenen Zahlen des Experiments „2 aus 4" immer die Summe. Welches der folgenden Ereignisse wird dann am häufigsten auftreten?

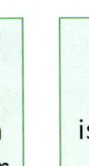

> **1.**
> Die Summe der beiden gezogenen Zahlen ist häufiger 5 als 3.

> **2.**
> Die Summe 7 ist genau so wahrscheinlich wie die Summe 3.

> **3.**
> Als Summe kommt eine gerade Zahl häufiger als eine ungerade Zahl vor.

> **4.**
> Die Summe 8 ist unmöglich.

b) Führt das Experiment 30-mal durch!

c) Vergleicht und begründet, ob ihr richtig vermutet habt!

d) Welche verschiedenen Summen sind beim Experiment möglich?

e) Vergleicht mit euren Ergebnissen! Was fällt euch auf?

Nur in 1 von 6 Fällen ist die Summe 7!

CXXXV

*1/2 Experiment jeweils zunächst gemeinsam besprechen, Ergebnisse darstellen und gemeinsam auswerten
Vermutungen äußern und begründen, dann jeweils das
Experiment zu zweit oder in Kleingruppen durchführen,*

→ **AH** S.66 → **ÜH** S.62–63

135

Mini-Projekt: Mathematik und Kunst

1

Viktor Vasarély malte Bilder, die eine optische Täuschung bewirken.

a) Welche geometrischen Formen und welche Farben siehst du auf dem Bild?

b) Nimm einen Spiegel! Lege ihn an verschiedenen Linien im Bild an! Wie verändert sich das Bild?

c) Drehe das Bild! Wie wirken die Formen nun?

d) Gestalte selbst ein solches Bild!

2

a) Betrachte das Bild und erkläre, wie der Künstler es geschafft hat, dass man in die Tiefe sehen kann!

b) Lege eine Folie auf und zeichne die Linien nach, die in die Mitte führen! Was stellst du fest?

c) Gestalte Würfel und Quader mit wiederkehrenden Farbstreifen! Versuche das Bild nachzubauen!

d) Finde in Büchern oder im Internet andere Bilder von Viktor Vasarély!

1 Bild betrachten und beschreiben, dann Text lesen und Aufgaben selbstständig lösen

2 Bild betrachten und beschreiben, dann Aufgabentexte lesen und die Aufgaben lösen, gemeinsam über die gefundenen Kunstbilder aus Büchern und dem Internet sprechen

3

Wasserfall von M.C.Escher

M.C.Escher (1898–1972)

Der niederländische Künstler Escher spielte beim Malen mit Figuren so geschickt, dass man oft Überraschendes oder sogar Unmögliches entdeckt.

a) Betrachte das Bild genau und beschreibe, was du entdeckst!

b) Was hat der Künstler auf dem Bild dargestellt, das es in Wirklichkeit nicht gibt?

 4

A 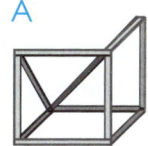 B  C  D  E

a) Versucht mit Stäbchen und Knete die Figuren nachzubauen! Welche Figuren sind unmöglich?

b) Zeichnet selbst unmögliche Figuren!

---

5 Baut eine Würfel- und Quaderstadt! Zeichnet Würfel- und Quadernetze und gestaltet diese farbig! Baut aus den gefalteten Würfeln verschiedene Häuser!

---

3 Bild betrachten und es entsprechend den Aufgabenstellungen beschreiben
4 unmögliche Figuren bestimmen und die jeweiligen Widersprüche beschreiben
5 Würfel- und Quaderstadt als Gruppenergebnis gestalten

Mini-Projekt: **Entdeckungen am menschlichen Körper**

1 Die Kinder der Klasse 4 b haben im Internet interessante Angaben zum menschlichen Körper zusammengetragen und dazu Aufgaben gebildet:

Von Geburt bis zu meinem 10. Geburtstag habe ich meine Größe ungefähr verdreifacht und mein Gewicht etwa verzehnfacht.

Zu meinem 10. Geburtstag war ich 1,47 m groß und wog 35,2 kg.

a) Wie groß und wie schwer war ich bei meiner Geburt?

b) Vergleicht meine Angaben mit euren! Was stellt ihr fest?

Leon

Durchschnittlicher Luftverbrauch eines erwachsenen Menschen pro h

Tätigkeit	Luftverbrauch
Schlafen	280 Liter
Stehen	450 Liter
Gehen	1000 Liter
Radfahren	1400 Liter
Schwimmen	2600 Liter

a) Wie viel Liter Luft verbrauchst du ungefähr beim Schlafen in einer Nacht?

b) Wie viel Liter Luft verbrauchst du ungefähr, wenn du zwei Stunden wanderst?

c) Wie viel Liter Luft verbrauchst du etwa, wenn du 10 Minuten schwimmst?

Anna und Finn

Wusstet ihr schon:
Die Anzahl der Haare eines Menschen ist von der Farbe abhängig!

Haarfarbe	Zahl der Haare
blond	≈ 150 000
braun	≈ 110 000
schwarz	≈ 100 000
rot	≈ 90 000

a) Wie viele Haare hast du ungefähr auf dem Kopf?

b) Wie viele Haare sind es, wenn du noch rund 420 Haare für deine Wimpern und etwa 600 Haare für die Augenbrauen dazuzählst?

Mia

Mit einer Geschwindigkeit von etwa einem Meter pro Sekunde fließen ungefähr 15 Liter Blut in jeder Minute durch das Gehirn eines Erwachsenen.
Wie viel Liter Blut wären es ungefähr

a) in einer Stunde,

b) an einem Tag?

Emma

Sprecht über die Angaben und löst die Aufgaben! Bildet selbst weitere interessante Aufgaben und löst sie!

Erforscht weitere int eressante Zahlenangaben zum menschlichen Körper!
Sprecht darüber, bildet Aufgaben und löst sie!

1 *Texte lesen, über sie und die Zahlenangaben auch unter fächerübergreifender Sicht gemeinsam sprechen, dann Aufgaben selbstständig lösen, dabei selbst über die Wahl von Lösungswegen entscheiden, anschließend gemeinsam darüber sprechen*

→ AH S.69

2 Einen groben Anhaltspunkt für die allgemeine Gesundheit eines Menschen gibt die Pulszahl. Die durchschnittliche Pulszahl eines Menschen hängt von der jeweiligen Tätigkeit und von seinem Alter ab.

Durchschnittliche Pulszahl eines ruhenden Menschen in Abhängigkeit vom Alter

Alter	1 Tag	1 Jahr	3 Jahre	10 Jahre
Pulszahl pro Min.	130 bis 140	110 bis 120	90 bis 100	80 bis 90

a) Erläutere die Angaben der Tabelle!

b) Zeichne zu den Zahlen der Tabelle ein Streifendiagramm!

---

3 **Experiment:**
Wie verändert sich mein Puls?

a) Miss deinen Puls direkt vor und nachdem du 10 (20, 30) Kniebeugen gemacht hast! Vermute vorher, ob und wie sich dein Puls verändert!

b) Führe das Experiment durch! Was stellst du fest?

c) Vergleiche dein Ergebnis mit Ergebnissen anderer Kinder!

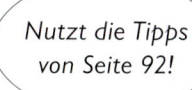

Nutzt die Tipps von Seite 92!

---

4 **Experiment: Wie schnell reagieren wir?**

Stellt euch zu einem Kreis auf und haltet euch an den Händen fest. Ein Kind ist der „Starter". Es ruft „Los!" und drückt gleichzeitig die Hand des rechten Nachbarn.
Wenn der Nachbar den Druck spürt, drückt er sofort die Hand des nächsten Kindes …
Wenn ihr das Signal einmal im Kreis herum gesendet habt, ruft der Starter: „Stopp!".
Ein Kind steht in der Mitte und stoppt die gesamte Zeitdauer.

5

a)	b)	c)	d)	e)
150 + 320	1 000 − 630	600 · 20	9 000 : 9	8 · 5 · 3
720 + 270	870 − 420	80 · 70	7 200 : 80	(9 + 70) · 2
810 + 680	690 − 390	500 · 400	5 000 : 2	6 + 54 · 10
900 + 97	2 200 − 22	15 · 600	6 900 : 30	420 : 6 + 4

---

3 Text und Tabelle lesen, über sie und die Zahlenangaben auch unter fächerübergreifender Sicht gemeinsam sprechen, dann Aufgaben selbstständig lösen

4/5 Anleitungen zu den Experimenten lesen, dann die Durchführung planen und Experimente mehrfach durchführen, anschließend gemeinsam darüber sprechen

→ AH S.69

CXXXIX

Auf Entdeckungsreise in Deutschland und Europa

1 Die Kinder aus Lisas Klasse haben in Büchern und im Internet interessante Informationen und Zahlenangaben über Deutschland erforscht und Aufgaben dazu erstellt. Wählt Aufgaben aus und löst sie!

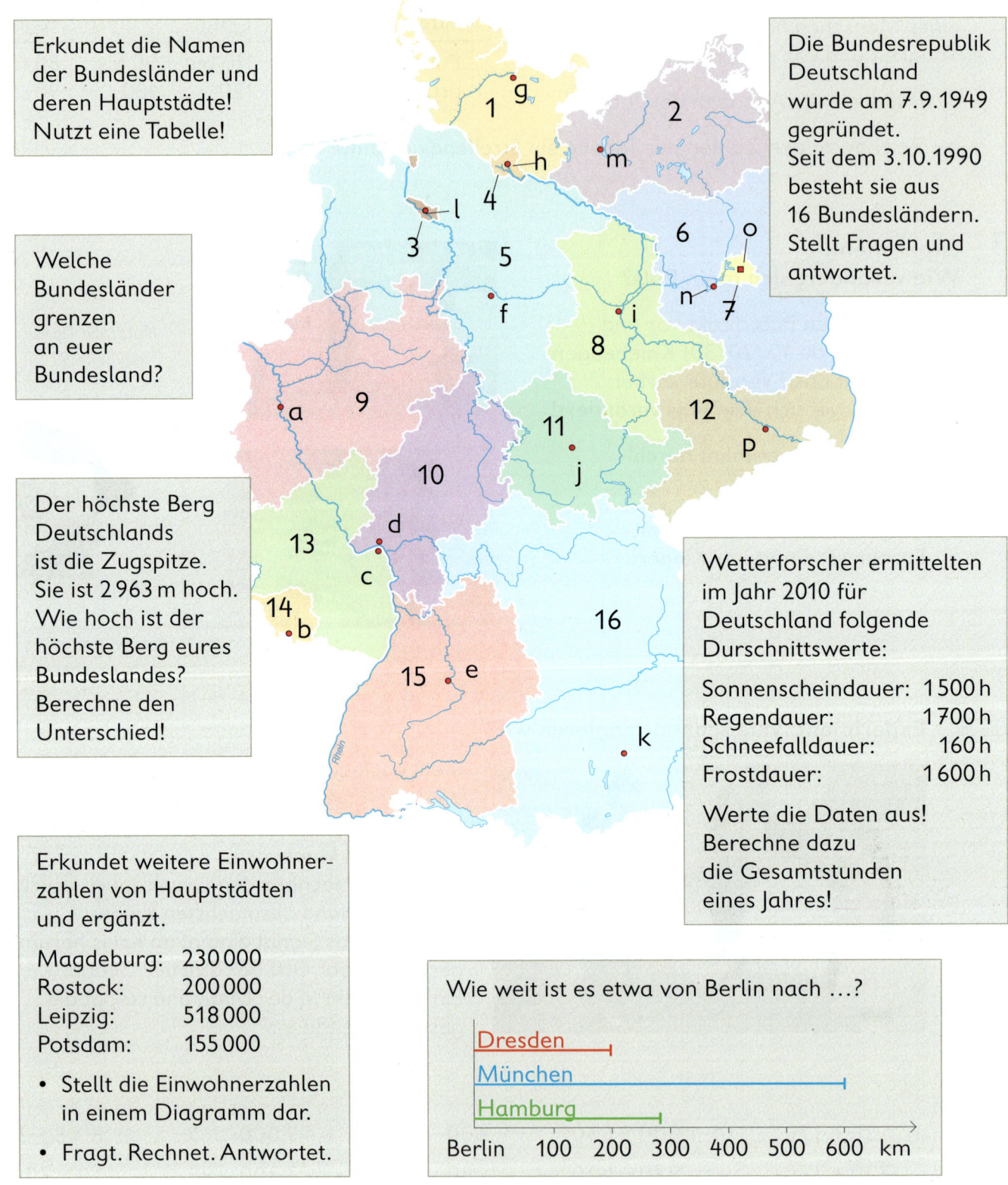

Erkundet die Namen der Bundesländer und deren Hauptstädte! Nutzt eine Tabelle!

Welche Bundesländer grenzen an euer Bundesland?

Der höchste Berg Deutschlands ist die Zugspitze. Sie ist 2 963 m hoch. Wie hoch ist der höchste Berg eures Bundeslandes? Berechne den Unterschied!

Die Bundesrepublik Deutschland wurde am 7.9.1949 gegründet. Seit dem 3.10.1990 besteht sie aus 16 Bundesländern. Stellt Fragen und antwortet.

Wetterforscher ermittelten im Jahr 2010 für Deutschland folgende Durschnittswerte:

Sonnenscheindauer: 1500 h
Regendauer: 1700 h
Schneefalldauer: 160 h
Frostdauer: 1600 h

Werte die Daten aus! Berechne dazu die Gesamtstunden eines Jahres!

Erkundet weitere Einwohnerzahlen von Hauptstädten und ergänzt.

Magdeburg: 230 000
Rostock: 200 000
Leipzig: 518 000
Potsdam: 155 000

- Stellt die Einwohnerzahlen in einem Diagramm dar.
- Fragt. Rechnet. Antwortet.

Wie weit ist es etwa von Berlin nach …?

Dresden
München
Hamburg

Berlin 100 200 300 400 500 600 km

2 Erkunde auch interessante Zahlenangaben über Deutschland! Gestalte Poster, Tabellen oder einen Steckbrief! Bilde Aufgaben und rechne!

CXL

1 Texte lesen, über sie und die Zahlenangaben auch unter fächerübergreifender Sicht gemeinsam sprechen, dann Aufgaben selbstständig lösen, dabei selbst über die Wahl von Lösungswegen entscheiden, anschließend Ergebnisse auswerten und diskutieren

1 Pauls Klasse hat Daten über Europa erkundet
und dazu Aufgaben geschrieben. Wähle aus und rechne!

Die Tower-Bridge ist ein Wahrzeichen Londons. Die Brücke kann
in der Mitte hochgeklappt werden,
um große Schiffe in den Hafen
zu lassen. Es dauert 90 Sekunden.
Wie viele Minuten sind es, wenn sie
am Tag 6-mal hochgeklappt wird?

Laura

Wenn du 100 Bänder mit einer Länge von
jeweils 8,2 m hintereinanderlegst, erhältst du
die Länge der Europabrücke in Österreich.

a) Wie lang ist sie?

b) Erforsche Daten über weitere euro-
päische Brücken! Lege Tabellen oder
Diagramme an! Rechne!

Ole

Anzahl der Sonnenstunden im Jahr 2010:

- Lissabon: 1860 h
- Rom: 1687 h
- Paris: 1265 h
- Berlin: 1146 h
- London: 1131 h
- Vitte: 2168 h
  (Hiddensee)

a) In welchen
Ländern liegen
die Orte?

b) Werte die
Daten aus!
Zeichne dazu
ein Diagramm!

Karo

Der Eiffelturm,
das Wahrzeichen von Paris

Bauzeit: 1887 bis 1889

Höhe: 317 m (324 m mit Antenne)

Gewicht: über 10 000 t

Stufen: 1792

Wartung: neuer Anstrich alle 7 Jahre mit
≈ 60 t Farbe,
≈ 25 Malern
≈ 1500 Pinseln,
≈ 50 km Sicherungsseilen

a) Stelle Fragen, rechne
und antworte!

b) Erforsche Daten über
andere Türme Europas!
Vergleiche!
Lege auch Steckbriefe
oder Tabellen an!

Anne

Die Portugiesen waren große
Entdecker. Im jahre 1519 brach
der Seefahrer Magellan zur
ersten Weltumsegelung auf.
Sie dauerte etwa 1100 Tage.

a) Vor wie vielen
Jahren fand dieses
Ereignis statt?

b) In welchem Jahr
war Magellan
wieder zurück
in Portugal?

Tom

Am Nordkap, dem fast nördlichsten Punkt
in Europa, scheint vom 13. Mai bis 29. Juli
die Midnatsol (Mitternachtssonne).

a) In welchem Land liegt das Nordkap?

b) Wie viele Wochen geht die Sonne dort
nicht unter?

Hannes

2 Schreibt euch gegenseitig Aufgabenbriefe zum Thema „Europa"!
Bastelt ein Europabüchlein und tragt wichtige Daten und Fakten ein!

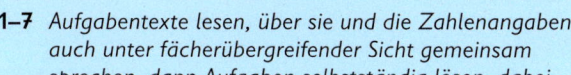

1–7 Aufgabentexte lesen, über sie und die Zahlenangaben selbst über die Wahl von Lösungswegen entscheiden,
auch unter fächerübergreifender Sicht gemeinsam anschließend Ergebnisse auswerten und diskutieren
sprechen, dann Aufgaben selbstständig lösen, dabei

CXLI

1 Addition

a)

793 + 9	63 000 + 8 500
548 + 37	180 000 + 40 000
2 630 + 780	99 000 + 999

b)

20 845 + 79 132	24 936 + 75 064	5 842 + 2 845

c) 6 808 + 69 + 17 548 + 672

42 836 + 430 + 8 061 + 57

d) Addiere 7 642 und 992!
Verdopple die Summe!

e) Ergänze! Summanden
kann man ..., die Summe ...

L: 585, 802, 3 410, 8 687, 17 268, 25 097, 51 384,
71 500, 99 977, 99 999, 100 000, 220 000

2 Subtraktion

a)

506 − 8	50 000 − 3 700
623 − 56	130 000 − 50 000
5 420 − 860	200 000 − 8 750

b)

100 000 − 67 582	3 672 − 5 431	47 230 − 29 647

c) 34 578 − 692 − 321

50 000 − 2 876 − 555

d) Berechne die Differenz
der Zahlen 6 876 und 2 394!

e) Ergänze! Subtraktionsaufgaben
sind nur dann lösbar, wenn ...

L: 498, 567, 4 482, 4 560, 17 583, 32 418, 33 565,
46 300, 46 569, 80 000, 191 250, n.l.

3 Multiplikation

a)

70 · 8	60 · 80	5 000 · 100
3 · 52	3 · 600	7 000 · 30

b)

76 · 9	8 · 47	39 · 51
327 · 56	289 · 84	2 861 · 39

c) Ein Müller hat 4 Söhne. Jeder Sohn
hat 2 Katzen, von denen jede 3 Mäuse
am Tag frisst. Wie viele Mäuse
werden in einer Woche gefressen?

d) Ergänze! Faktoren kann man ...,
das Produkt ...

L: 156, 168, 376, 560, 684, 1 800, 1 989, 4 800,
18 312, 25 032, 111 579, 210 000, 500 000

4 Division

a)

219 : 3	480 : 6
4 200 : 600	320 : 40

b)

2 772 : 9	6 108 : 2
8 728 : 8	3 450 : 5
685 : 7	4 207 : 3
42 840 : 6	73 569 : 2

c) 800 kg Korn werden in 50-kg-Säcken
zur Mühle getragen.
Wie viele Säcke sind das?

d) Ergänze! Eine Zahl ist durch 2,
(3, 5, 10, 100) teilbar, wenn ...

L: 7, 8, 16, 73, 80, 97 R6, 308, 690, 1 091,
1 402 R1, 3 054, 7 140, 36 784 R1

CXLII

1–4 erreichten Entwicklungsstand bzgl. der angegebenen
Lernbereiche erfassen, einschätzen und hiervon
ausgehend individuelle Lernpläne entwickeln

5 Größen

a) Ergänze im Heft! Wichtige Einheiten der _____ sind: km, __ , __ , __ , mm.
Ein Gramm schwer ist etwa: _____
Ein Kilogramm schwer ist etwa: _____
Ein Jahr hat ____ Tage, etwa ____ Wochen, ____ Monate und ____ Jahreszeiten.

b)
5 cm = ☐ mm
5 cm = ☐ dm
5 dm = ☐ cm
5 m = ☐ km

c)
3 000 kg = ☐ t
6 kg = ☐ g
0,07 kg = ☐ g
800 kg = ☐ t

d)
12 min = ☐ s
180 min = ☐ h
72 h = ☐ Tage
7 h = ☐ min
540 s = ☐ min

e)
1,7 l = ☐ ml
2,19 € = ☐ ct
6,5 m = ☐ cm
960 s = ☐ min
41 kg = ☐ g

7 Zeichen und Begriffe

a) Was bedeuten diese Zeichen?
$<, \approx, :, =, -, >$

b) Erkläre die Begriffe:
Minuend, Dividieren und Summe!

c) Ergänze mit mathematischen Begriffen!
Das Ergebnis einer Multiplikation heißt _____.
Eine Differenz ist das Ergebnis einer _____. _____ werden addiert, _____ werden multipliziert. _____ geteilt durch _____ ist gleich Quotient.

d) Schreibe mit römischen Zahlzeichen!
18, 26, 72, 115, 555, 1634

e) Schreibe mit unseren Zahlen!
V, XII, XIX, LXIV, DCCXXI, MM, MDXXXVII

6 Geometrie

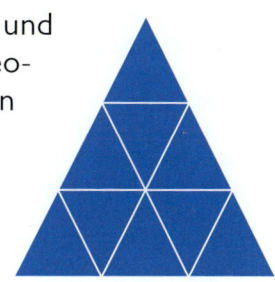

a) Welche Augenzahl ist oben, wenn du den Würfel
– einmal nach links.
– zweimal nach vorn kippst?

b) Wie musst du den Würfel kippen, damit unten
⚄, ⚁, ⚅, … liegt?

c) Wie viele und welche geometrischen Figuren erkennst du?

8 Daten und Zufall

a) Finn würfelt 20-mal mit 2 Spielwürfeln und bildet immer die Differenz der Augenzahlen. Welche Ergebnisse sind möglich? Gib alle verschiedenen Fälle an!

b) Welche Differenz könnte Finn am häufigsten (am seltensten) erhalten?

c) Anna, Bella, Clara und Dana laufen um die Wette. Welche und wie viele mögliche Reihenfolgen des Zieleinlaufs gibt es?

5–8 erreichten Entwicklungsstand bzgl. der angegebenen Lernbereiche erfassen, einschätzen und hiervon ausgehend individuelle Lernpläne entwickeln

→ AH S.70–71   → ÜH S.64

Rechenwege 4

Herausgegeben von:	Friedhelm Käpnick
Erarbeitet von:	Mandy Fuchs, Wolfgang Grohmann, Friedhelm Käpnick, Elke Mirwald, Christine Münzel
Redaktion:	Susanne Knipper
Illustrationen:	Maja Bohn, Berlin (Lucie und Detektiv), Cleo-Petra Kurze, Berlin und Hans Wunderlich, Berlin (Piktogramme)
Umschlagillustration:	Maja Bohn, Berlin und Dorothee Mahnkopf, Berlin
Umschlaggestaltung und Layoutkonzept:	Hawemannundmosch, Berlin
Layout und technische Umsetzung:	Katrin Tengler, Berlin

Bildquellen
S.11 AKG, Berlin (1), Archiv Cornelsen Verlag (2) **S.16** Foto für Dich, Matthias Wuttig, Markkleeberg **S.19** Bildagentur Huber, Mittenwalde **S.27** ©Luiz/Fotolia.de **S.30** (C) picture-alliance/dpa/dpaweb/epa Lockhart HO (1), ©picture alliance/abaca/Bernard Patrick (2), ©mladn61/iStockphoto.com (3), ©Deutsche Bahn AG/Max Lautenschläger (4), ©Stephan Schulz/Fotolia.de (5) **S.31** ©Reiner Elsen/mauritius images (1), ©picture-alliance/dpa-ZB/Peter Endig (2) **S.32** ©Dietmar Lehmann/Pixelio.de **S.33** ©Deutsche Bahn AG/Martin Busbach (1), ©picture alliance/ZB/Martin Schutt (2) **S.34** ©dirkr/iStockphoto.com (1); ©hotshotsworldwide/Fotolia.de (2), ©mauritius images/Science Faction (3), ©dv76/Fotolia.com (4), ©picture-alliance/dpa-report/Markus Knaden (5); **S.35** ullstein-rufenach **S.40** Ullstein Bilderdienst/Ralf Pollack (1), ©picture alliance/ZB/Bernd Settnik (2), Michael Tyler, Australia (1), (c) picture alliance/dpa/Jan Woitas (2) **S.45** ©picture-alliance/dpa-Report/Bernd Settnik **S.48** Foto für Dich, Matthias Wuttig, Markkleeberg (1), Jens Stubenrauch, Berlin (2–5) **S.50** Jens Stubenrauch, Berlin **S.51** Volker Döring, Hohen Neuendorf **S.60** Ullstein Bilderdienst/contrast/Behrendt **S.63** Archiv Cornelsen Verlag **S.64** ©picture alliance/Sodapix AG/Christoph Buckstegen (3) **S.65** Wolfgang Grohmann, Merseburg **S.68** Wolfgang Grohmann, Merseburg, **S.73** Thomas Hugel/Pixelio.de (1), ©mauritius images/imagebroker/Ingo Schulz (2), Karte: Peter Kast, Wismar **S.82** Blickwinkel/A. Hartel, p-a/Eckert Pott **S.79** Blickwinkel/A. Hartel, p-a/Werner Nagel **S.91** ©Deklofenak/Fotolia.de **S.92** Foto für Dich, Matthias Wuttig, Markleeberg **S.99** R. Fischer, Berlin (1), Elke Mirwald, Berlin (2), Volker Döring, Hohen Neuendorf (3) **S.102** Volker Döring, Berlin **S.106** Wolfgang Grohmann, Merseburg **S.109/110** Wolfgang Grohmann, Merseburg **S.113** ©Fotografie K.J. Schraa/iStockphoto.com (1), ©Rico/Fotolia.de (2), Wolfgang Grohmann, Merseburg (3–6) **S.124** ©OGphoto/iStockphoto.com **S.132** Akg-images/L.M. Peter, VISUM, f1online, Wolfgang Grohmann, Merseburg **S.136** akg-images **S.139** Foto für Dich, Matthias Wuttig, Markkleeberg **S.141** ©Junghee Choi/iStockphoto.com (1), ©S. Greg Panosian/iStockphoto.com (2)

Dieses Buch wird ergänzt durch:

Arbeitsheft 4 mit Lernstandsseiten	ISBN 978-3-06-081324-7
Arbeitsheft 4 mit Lernstandsseiten und CD-ROM	ISBN 978-3-06-081328-5
Übungsheft 4	ISBN 978-3-06-082972-9
Handreichungen für den Unterricht 4 (mit Lösungen zu den Schulbuch- und Arbeitsheftseiten)	ISBN 978-3-06-081332-2
Differenzierungsmaterial auf drei Niveaustufen 4 (mit editierbaren Kopiervorlagen auf CD-ROM)	ISBN 978-3-06-082976-7
Handreichungen 4 und Differenzierungsmaterial 4 im Paket	ISBN 978-3-06-082980-4

www.cornelsen.de
www.vwv.de

1. Auflage, 1. Druck 2012

Alle Drucke dieser Auflage sind inhaltlich unverändert und können im Unterricht nebeneinander verwendet werden.

© 2012 Cornelsen Verlag/Volk und Wissen Verlag, Berlin

Druck: Druckhaus Berlin-Mitte GmbH

ISBN 978-3-06-081320-9

 Inhalt gedruckt auf säurefreiem Papier aus nachhaltiger Forstwirtschaft